MENSCH,
was willst du?

Widmung

Für dich.

Für dein Herz. Deinen Mut. Deinen Verstand.

Christian Plank

MENSCH, was willst du?

Ab heute
entscheidest DU selbst
über Dein Leben!

PAGE TURNER PRODUCTION

IMPRESSUM

Bibliografische Information der Deutschen Nationalbibliothek. Die Deutsche Nationalbibliothek verzeichnet diese Publikation in der Deutschen Nationalbibliografie; detaillierte bibliografische Daten sind im Internet unter: http://dnb.de abrufbar.

1.Auflage 2025, Kitzingen.
Autor
Copyright © Christian Plank, ConneKT 16, 97318 Kitzingen
Kontakt: info@plank-coaching.de

Projektmanagement: Isabella Kortz, Pageturner Production GmbH: www.pageturnerproduction.com
Umschlaggestaltung, Innenlayout & Buchsatz: Sania Haschemi
Coverfoto: © Justin Bockey
Fotos im Innenteil: © Privat

Druck:
Druckerei Vogl GmbH & Co. KG
Georg-Wimmer-Ring 9
85604 Zorneding
Printed in Germany

ISBN: 978-3-949393-54-9

INHALT

BOTSCHAFT DES AUTORS

Dieses Buch kannst du von vorne bis hinten lesen – oder du schließt einfach deine Augen, atmest tief durch und fragst dich:

„Liebes Leben, welches Kapitel ist genau jetzt das Richtige für mich?" Schlag das Buch auf, das Kapitel wird dich finden.

Denn vielleicht findest du genau dort eine Antwort, die dein Herz berührt.

Dieses Buch ist nicht einfach nur eine Sammlung von Geschichten – es ist eine Reise. Eine Reise durch Höhen und Tiefen, durch Licht und Schatten. Es sind wahre Erlebnisse aus meinen 54 Lebensjahren. Erfahrungen voller Schmerz, Kampf, Zweifel – aber auch voller Mut, Hoffnung und unbändiger Willenskraft.

Ich erzähle von Momenten, in denen ich am Boden lag und dachte, es geht nicht mehr weiter. Von Rückschlägen, die mich fast gebrochen hätten. Von Menschen, die mich ausgenutzt haben. Aber auch von den magischen Augenblicken, in denen ich meine innere Kraft entdeckt habe. In denen ich gelernt habe, was wahre Freiheit bedeutet. In denen ich meine Flügel ausgebreitet habe, um endlich zu fliegen.

Dieses Buch ist ein Spiegel der Wahrheit, ein Spiegel der Authentizität. Es soll dich berühren, aufrütteln, inspirieren. Denn alles, was du brauchst, um dein eigenes, erfülltes Leben zu erschaffen – um deine Träume zu verwirklichen und über dich selbst hinauszuwachsen – steckt bereits in dir.

Kraft. Dein Mut. Dein unaufhaltsamer Wille. Glaub an dich, auch wenn die Welt zweifelt. Habe den Mut, Neues zu probieren, wenngleich andere sagen, es sei unmöglich. Gehe deinen Weg mit Stolz, mit Entschlossenheit, mit unerschütterlichem Glauben an dich selbst. Denn du bist stärker, als du denkst. Du bist einzigartig, wertvoll und voller Potenzial. Lass dich nicht aufhalten, nicht bremsen, nicht vom Kurs abbringen – denn du bist ein Geschenk für diese Welt. Du bist erfolgreich. Du bist unaufhaltsam.

Der Funke, den du dafür benötigst, wartet bereits in dir.
Du musst ihn nur entfachen!

Dein Christian Plank

VORWORT

von Alexander Hartmann

Es gibt Bücher, die liest man – und dann gibt es Bücher, die erlebt man. Dieses hier gehört zur zweiten Kategorie.

Christian Plank nimmt uns mit auf eine Reise durch sein Leben – eine Geschichte voller Herausforderungen, voller Rückschläge, aber auch voller Mut, Entschlossenheit und unbändiger Willenskraft. Und genau darum geht es: um das, was in uns steckt, wenn wir bereit sind, unsere Grenzen zu hinterfragen.

Und das passt zu Christian, denn ich habe ihn als einen echten Macher kennengelernt. Als einen, der anpackt, statt zu quatschen. Und aus dieser Perspektive ist das Buch geschrieben.

Als ich sein Buch gelesen habe, habe ich nicht nur die Geschichte eines Mannes erfahren, der sich immer wieder neu erfindet. Ich habe einen Menschen erlebt, der verstanden hat, dass wahres Wachstum genau dort beginnt, wo wir uns trauen, neue Wege zu gehen. Wo wir lernen, unsere vermeintlichen Grenzen als Einladung zu sehen – als Aufforderung, über uns selbst hinauszuwachsen.

Christian beschreibt eindrucksvoll, wie er aus Momenten der Verzweiflung seine größte Stärke entwickelt hat. Wie er sich von Rückschlägen nicht aufhalten ließ, sondern sie als Sprungbrett nutzte. Und wie er heute seine Erfahrungen weitergibt, um andere zu inspirieren und ihnen zu zeigen: Es gibt keine Grenzen, außer denen, die wir uns selbst setzen.

Dieses Buch ist mehr als eine Gebrauchsanleitung für Erfolg. Es ist eine Einladung, dein eigenes Leben mit neuen Augen zu sehen. Dich zu fragen: Wo habe ich mir Grenzen gesetzt? Wo halte ich mich zurück, obwohl da noch so viel mehr in mir steckt?
Egal, wo du gerade stehst – wenn du bereit bist, dich selbst herauszufordern, deine Komfortzone zu verlassen und dein volles Potenzial zu entfalten, dann wird dieses Buch dir nicht nur Inspiration schenken. Es wird dich wachrütteln. Es wird dir zeigen, dass alles, was du brauchst, bereits in dir steckt.

Frag dich immer: „Mensch, was willst du?" Ab heute entscheidest DU selbst über dein Leben.

Alexander Hartmann

Bestseller-Autor (*Mit dem Elefant durch die Wand & Deep Ocean – das geniale Persönlichkeitsmodell*), NLP- & Hypnose-Experte

Einführung

VOM SCHMERZ ZUR STÄRKE

DIE WUNDERSAME GESCHICHTE EINES BUBEN

Mit sieben Jahren beginnt sein Leben von Neuem. Ein strahlender Sommertag, die Luft erfüllt von Freiheit und Abenteuer. Der Junge sitzt auf seinem kleinen Traktor, schwarze Reifen, grüner Anhänger – sein ganzer Stolz. Er hat eine Mission: Steine sammeln, transportieren, von A nach B, von B nach C. Ein Spiel, das für ihn die ganze Welt bedeutet.

Doch an diesem Tag ist etwas anders. Unbemerkt bleibt die Zufahrt offen. Ein Detail, klein und unscheinbar – und doch der Auslöser für das Unvermeidliche. Das Schicksal nimmt seinen Lauf. Ein plötzlicher Windhauch, ein Moment der Unachtsamkeit, eine Bewegung zu viel, ein Bruchteil einer Sekunde ...

Dann geschieht es.

Der Junge läuft, ohne es zu ahnen, in sein Verderben. Seine kleinen Beine tragen ihn immer schneller zur Straße. Und genau in diesem Augenblick rast ein Auto heran. Zu schnell. Viel zu schnell.

Das Auto erfasst den Jungen mit unbändiger Wucht, schleift seinen kleinen Körper gnadenlos mit. Fünfzig, vielleicht sechzig Meter lang. Ein ohrenbetäubender Knall durchschneidet die sommerliche Idylle. Stille. Sekunden dehnen sich zur Ewigkeit, die Zeit bleibt Stehen und ungläubiges Entsetzen macht sich breit.

Menschen rennen herbei, Schreie durchbrechen die Stille. Und dort, mitten auf dem Asphalt, liegt er. Zerbrechlich. Leblos. Sein kleiner Körper gezeichnet von Schäden, die unaussprechlich sind. Die Notärzte kommen, hektisch, professionell. Doch in ihren Augen liegt etwas anderes. Etwas, das sie nicht laut aussprechen wollten: Hoffnungslosigkeit.

Der Junge wird mit schwersten Verletzungen ins Krankenhaus gebracht. Zahlreiche Knochenbrüche am ganzen Körper und zu guter Letzt, ein Schädelbasisbruch. Sein zartes Leben hängt an einem seidenen Faden. Er wird ins künstliche Koma versetzt, eine kalte, medizinische Barriere zwischen ihm und dem Tod.

Dann kommt der Moment, den niemand erleben möchte.

Der Chefarzt versammelt die engsten Verwandten um sein Bett. Seine Oma. Seine Mutter. Seine Geschwister. Er sieht sie an, sein Blick voller Bedauern, voller Mitgefühl.

„Wenn der kleine Bub bis Freitag kein Lebenszeichen gibt ... dann sollten wir die Maschinen abstellen und ihn nicht länger quälen."

Die Worte treffen wie Messer mitten ins Herz. Unausweichlich. Endgültig. Doch seine Oma ist nicht bereit, sich dieser Entscheidung zu beugen.

Sie sitzt an seinem Bett, hält seine kleine, eiskalte Hand in ihren faltigen Händen. Flüstert leise, so leise, dass nur er es hören kann: „Wenn es jemand schafft, dann du, mein Junge. Ich weiß es. Ich glaube an dich.“

Der Freitag kommt. Das Unvermeidliche steht bevor.

Dann, ein Wunder.

Ein Finger bewegt sich. Ein winziges Zucken. Kaum wahrnehmbar. Doch es ist genug. Da ist Leben! Es gibt Hoffnung. Und es ist der Beginn eines unfassbaren Kampfes.

Die folgenden Monate sind geprägt von Schmerzen, Tränen, Rückschlägen. Doch auch von unbändigem Willen. Der Junge muss alles neu erlernen. Laufen. Sprechen. Das Leben selbst.

Die Ärzte sind skeptisch und lassen sich zu einer Prognose hinreißen:

„Er wird nie ein normales Leben führen.“
„Laufen? Unwahrscheinlich!“
„Eine eigene Familie? Fast unmöglich.“

Wie haben die sich geirrt!

Er kämpfte.

Mit jedem Schritt, den er tat. Mit jeder Träne, die er vergoss.

Die rohe Ehrlichkeit anderer Kinder kann extrem verletzend sein, besonders wenn du selbst mit etwas kämpfst, das dich von anderen unterscheidet.

Das Auslachen und die Hänseleien waren nicht leicht und oft sehr schmerzhaft, aber dennoch hat der Junge nie aufgegeben. Im Gegenteil: Sein Kampfgeist wurde wach!

Und er besiegte das Unmögliche.

In der Schule war er nicht der Beste. Doch das machte nichts. Denn im Sport fand er seine wahre Stärke. Er wurde schneller. Stärker. Erreichte Bestnoten im Sport. Dominierte auf der Matte beim Ringen. Und auf dem Fußballfeld? Da war er nicht nur ein Spieler. Er war der Torschützenkönig.

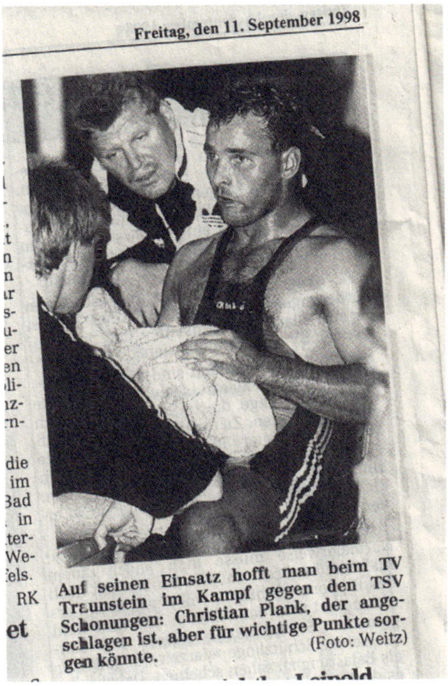
Freitag, den 11. September 1998

Auf seinen Einsatz hofft man beim TV Traunstein im Kampf gegen den TSV Schonungen: Christian Plank, der angeschlagen ist, aber für wichtige Punkte sorgen könnte. (Foto: Weitz)

Dann, Jahre später, kam die nächste Herausforderung.

„Diese Mannschaft? Vergiss es. Ein hoffnungsloser Fall."

Sie lachten. Sie schüttelten die Köpfe. Sie sagten: „Lass es. Du ruinierst deinen Ruf als Fußballer."
Doch der Junge, der einst dem Tod in die Augen geblickt hatte, glaubte nicht an aussichtslose Fälle.

Er wurde ihr Trainer. Er formte sie. Und er brachte ihnen das Siegen bei, aber vor allem die Eigenschaft, diese besondere Einstellung nie aufzugeben.

That´s me!

Er bewies allen: Grenzen existieren nur in den Köpfen der Menschen.
Nicht in seinem Leben. Nicht in seinem Herzen.
Denn wenn es jemand schafft, dann er.

Du ahnst es sicher bereits.
Ja, dieser Junge, von dem DU hier liest: Das war ich!

VOM JUNGEN ZUM UNTERNEHMER

Mit 22 Jahren machte ich mich selbstständig. Warum? Ganz einfach: Mein damaliger Chef vertröstete mich Woche für Woche. Immer wieder hieß es: „Freitag habe ich keine Zeit, lass uns nächste Woche reden." Aber ich wollte doch nur, dass meine Arbeit anerkannt wird!

Ich hatte bereits große Projekte als Obermonteur geleitet und durchgeführt – Verantwortung übernommen, mein Bestes gegeben. Doch, ein einfaches Gespräch darüber? Fehlanzeige. Das hat mich enttäuscht und traurig gemacht. Es hätte nur einen kurzen Moment gebraucht, in dem er zu mir sagt: „Du bekommst für deine Leistung eine Mark mehr" oder auch nur „50 Pfennig mehr". Vielleicht wäre ich dann heute noch dort – wer weiß?

Doch als er mich an einem weiteren Freitag wieder vertröstete, war für mich klar: Es reicht. Ich sagte nur: „Okay, dann komme ich Montag nicht mehr." Gesagt, getan.

Am Montag klingelte das Telefon. „Wo bist du?", fragte mein Chef. Meine Antwort war klar: „Ich stehe zu meiner Aussage." Ich werde nicht mehr kommen, weil du meine Zeit und meine Leistung nicht schätzt."

Und so begann meine Reise in die Selbstständigkeit. Noch dazu kam, dass in der Heizungs- und Sanitärbranche ein Meisterbrief vorgeschrieben ist. Also habe ich mich schnell für den Kurs angemeldet. Unter der Woche musste ich arbeiten, um Geld zu verdienen – schließlich hatte ich bereits eine kleine Familie. Also blieb mir nichts anderes übrig, als den Kurs am Wochenende zu besuchen. Zwei Jahre lang zog sich das Ganze hin. In dieser Zeit bekam ich eine Ausnahmegenehmigung, damit ich meinen Beruf trotzdem ausüben durfte. Es war eine anstrengende Phase, aber ich wusste, dass es der richtige Weg war.

Mit meinen 22 Jahren stand ich an einem Punkt, an dem es kein Zurück mehr gab. Meine Schwiegereltern, Marianne und Andreas, hatten für 50.000 Mark gebürgt – ein gewaltiger Vertrauensvorschuss. Ohne ihre Unterstützung wäre mein Traum von der Selbstständigkeit nicht möglich gewesen. Dieses Geld war unser Startkapital: ein Lieferwagen, Werkzeug, Material Mein Unternehmen begann – ganz klassisch – in einer kleinen Garage. Dort, zwischen Werkzeugkisten und viel Hoffnung, entstand mein Traum. Ich wusste: Jetzt gibt es nur zwei Möglichkeiten – Erfolg oder Scheitern. Und ich war entschlossen, das Beste daraus zu machen." So wagte ich den Schritt in die Selbstständigkeit und gründete meinen eigenen Handwerksbetrieb. Aber ich merkte schnell, dass ich einer von fast 40.000 Handwerksbetrieben in ganz Deutschland war. Somit war ich in jeder Handlung und mit jedem Material vergleichbar.

Zum ständigen *mehr und meh*r kam plötzlich der Schock.

Eben noch war alles in bester Ordnung – die Auftragsbücher gefüllt, Rechnungen gestellt, das Geschäft lief. Und dann, mit nur einem Anruf, zerplatzte die Illusion wie eine Seifenblase.

„Es tut uns leid, aber wir mussten Insolvenz anmelden."

100.000 D-Mark. Offen. Ungesichert. Verloren?

Meine Hände zitterten, als ich das Telefon weglegte. Ein Kloß bildete sich in meinem Hals, mein Magen verkrampfte sich. Ich starrte ins Leere. War's das jetzt? War das jetzt das Ende? Wieder einmal stand ich vor einem Abgrund, der mich mit kalter, gnadenloser Realität empfing.

Doch dieses Mal war es anders. Dieses Mal war ich nicht allein.

Im Nebenzimmer schlief meine kleine, süße Tochter friedlich in ihrem Kinderbettchen. Meine Frau bereitete in der Küche das Abendessen zu, nichts ahnend von der Katastrophe, die sich gerade vor meinen Augen entfaltete. Ein Blick auf das Familienfoto auf meinem Schreibtisch riss mich aus meiner Schockstarre.

Scheitern war keine Option.

Ich hörte das leise Lachen meiner Tochter durch die Tür. Meine Frau summte eine sanfte Melodie. Und ich wusste: Egal, wie aussichtslos es schien, ich würde kämpfen. Nicht nur für mich. Sondern für sie. Die Nacht wurde lang. Pläne wurden geschmiedet, Möglichkeiten geprüft, Lösungen gesucht. Schlaf? Keine Zeit dafür. Der nächste Morgen war mein Neustart.

Denn eines stand fest: Aufgeben war keine Option.

Ich wollte mehr als nur „gut und vergleichbar" sein – ich wollte der Beste sein. Mein Ziel war es, mich von anderen abzuheben und als Experte anerkannt zu werden.

So entwickelte ich in meinem Betrieb Schritt für Schritt den Bereich Komplettbadsanierungen – von der Demontage des alten Bades bis zur Endreinigung und Übergabe des neuen Traumbades. Doch anfangs war ich wieder vergleichbar, weil ich Materialien verwendete, die bei jedem Großhändler erhältlich waren.

Ich wollte jedoch weg vom ständigen Vergleich. Deshalb begann ich, gezielt exklusive Materialien zu suchen, die nicht jeder hatte. Schließlich ging ich noch einen Schritt weiter: Ich ließ spezielle Möbel nach meinen Vorstellungen anfertigen und stellte sogar eigene Designs her. Um meinen Service einzigartig zu machen, führte ich Pauschalpreise für Komplettlösungen ein – transparent und fair. Mit meinem exklusiven Logo „Plank Exklusiv" war ich schließlich nicht mehr vergleichbar, sondern DER Experte für Komplettbäder. Mit Stolz kann ich sagen, dass nicht jeder Bäder baut, mit einem Wert von 50.000 bis weit über 100.000 Euro.

Ich feilte so lange an meinem Betrieb, optimierte jede Struktur, sämtliche Abläufe, bis ich etwas erreichte, das viele für unmöglich hielten: Mit nur zwei Monteuren, einem Netzwerk aus Subunternehmern und einer einzigen Sekretärin erwirtschaftete ich einen Jahresumsatz von 1,5 Millionen Euro – und über 400.000 Euro Gewinn! Wow!

TIEFPUNKT

Mit dem Erfolg kamen auch Neider und Menschen, die nur meine Expertise ausnutzen wollten. Ich war Geschäftsführer in einer weiteren Firma und arbeitete hart daran, sie voranzubringen. Doch dann wurde ich von Menschen, denen ich vertraut hatte, hintergangen, bestohlen und belogen. Ja, dieser selbst ernannte Unternehmensberater entpuppte sich als jemand, der seine Kunden skrupellos hinterging. Sobald sie ihm den Rücken zukehrten, sprach er abfällig über sie – über Menschen, die ihm einst ihr Vertrauen geschenkt hatten. Diese Erfahrung hat mich zutiefst erschüttert. Sie ließ mich an der Menschlichkeit zweifeln und brachte mich an einen Punkt, an dem ich fast aufgeben wollte.

Potenziale zu erkennen. Heute weiß ich genau um die Bedeutung dieser Sätze meiner Oma.

Mit meiner Firma „Plank Coaching“ habe ich bereits über 200 Unternehmen in den Erfolg geführt und mehreren 100 Menschen durch NLP und Hypnose weitergeholfen – damit sie aus ihrem Hamsterrad ausbrechen und ein Leben voller Zufriedenheit und Freiheit führen. Es erfüllt mich mit Stolz und Dankbarkeit, jeden Tag aufs Neue, andere auf ihrem Weg zu begleiten.

DANKBARKEIT UND FAMILIE

In meinem Leben gibt es eine weitere, unschätzbare Bereicherung: meine Familie. Ich bin so dankbar, dass meine Ex-Frau Heidi in mein Leben gekommen ist. Sie hat mir nicht nur viele wertvolle Jahre geschenkt, sondern auch zwei wunderbare Kinder.

Meine älteste Tochter, Michaela, ist heute 30 Jahre alt und hat sich als Friseurmeisterin und Mentalcoach einen Namen gemacht. Sie inspiriert Menschen, ihr Äußeres und Inneres in Einklang zu bringen. Meine jüngere Tochter Katharina, 25 Jahre alt, hat sich ebenfalls ihren Traum erfüllt. Sie ist eine talentierte Schauspielerin, die in bekannten Serien und Theaterproduktionen brilliert.

Dieser Junge, der damals mit sieben Jahren diesen schrecklichen Unfall erlebte, ist heute 54 Jahre alt. Das Einzige, was mir davon geblieben ist, ein kleiner Silberblick, ein Auge, das nur noch fast 10 % Sehkraft hat und eine schiefe Nase. Jeder Erfolg, jede Herausforderung und jedes Wunder in meinem Leben hat mich zu dem gemacht, der ich heute bin.

Ich stehe hier, um dir zu sagen:

Egal, wie tief du fällst, egal, wie dunkel der Moment erscheint, in dem du dich gerade befindest – du kannst immer wieder aufstehen. Vielleicht fühlt es sich gerade so an, als sei alles gegen dich. Vielleicht hast du das Gefühl, dass der Boden unter dir nachgegeben hat und du im freien Fall bist. Doch glaube mir: In dir steckt eine Kraft, die mächtiger ist als jeder Zweifel, stärker als jede Angst und größer als jedes Hindernis.

Das Leben mag dich herausfordern, es mag dich an deine Grenzen bringen, dir Steine in den Weg legen und dich manchmal sogar glauben lassen, dass du verloren hast. Aber du hast nicht verloren. Du wächst.

Doch heute sage ich: Danke, dass das passiert ist. Ohne diese Enttäuschung hätte ich nie die Klarheit gefunden, mein Leben komplett neu auszurichten. Dieser Schmerz hat mich stärker gemacht und mir gezeigt, wer ich wirklich bin.

Mit 52 Jahren habe ich noch einmal ganz von vorne begonnen. Ein neues Leben, eine neue Richtung – und eine Frau an meiner Seite, die mich mit unerschütterlichem Glauben und tiefer Liebe begleitete. Sus – so nenne ich sie voller Zuneigung. Sie war meine Stütze, mein Fels in der Brandung, die Stimme, die mir immer wieder Mut zusprach, wenn Zweifel aufkamen.

Mein Leben nahm eine radikale Wendung. Nicht, weil ich musste, sondern weil ich es wollte. Ich hatte genug vom alten Spiel, von der Rolle des erfolgreichen Handwerksunternehmers mit ca. 1,5 Millionen Umsatz und über 400.000 Euro Gewinn. Diese Zahlen, einst ein Zeichen meines Erfolgs, fühlten sich plötzlich leer an. Ich wollte **m e h r** – nicht mehr Geld, sondern mehr **E R F Ü L L U N G**.

Also tat ich das, was die meisten niemals wagen würden: Ich ließ alles hinter mir. Begann wieder bei Null. Ein neuer Weg, ein neues Business, eine neue Mission. Und je mehr dieser Gedanke in mir wuchs, desto stärker spürte ich dieses Kribbeln auf meiner Haut, dieses untrügliche Zeichen, dass ich auf dem richtigen Weg war. Gänsehaut. Nicht aus Angst, sondern aus purer Begeisterung.

Ich wollte nicht irgendein Coach sein. Ich wollte DER Coach sein. Der Experte, der Menschen nicht nur begleitet, sondern sie groß macht. Der Coach, dem man sein Vertrauen schenkt – und der es mit Herz, Erfahrung und unerschütterlichem Willen zurückzahlt.

Denn wenn ich eines gelernt habe, dann das: Erfolg ist nicht das, was du besitzt. Erfolg ist das, was du aus dir selbst machst. Und genau das lebe ich – mit jeder Faser meines Seins.

DIE ERFÜLLUNG MEINER BERUFUNG

Ich erinnere mich immer wieder an die Worte meiner Oma, die ich damals am Sterbebett regelmäßig besuchte und die – als sie merkte, wie traurig es mich machte, sie so zu sehen – zu mir sagte: „Immer Kopf hoch, mein Junge, du hast in deinem Leben schon so viel mitgemacht ... Geh raus, mein Junge, und hilf den anderen Menschen. Die brauchen genau so jemanden wie dich." Ich senkte den Kopf und Tränen liefen meine Wangen herunter. Die Bedeutung ihrer Worte verstand ich in diesem Moment (noch) nicht, aber sie haben mich nie losgelassen.

Und so entschied ich mich, meiner wahren Berufung zu folgen: Menschen zu helfen, sich aus ihren eigenen Kämpfen zu befreien und ihre

Du lernst. Du wirst geformt. Und eines Tages wirst du zurückblicken und erkennen, dass genau diese schweren Momente dich zu dem Menschen gemacht haben, der du bestimmt bist zu sein.

Du kannst Großes erreichen. Vielleicht zweifelst du gerade daran, vielleicht hast du Angst zu versagen. Doch der einzige wahre Misserfolg ist es, nicht einmal zu versuchen, für deine Träume zu kämpfen. In dir brennt ein Feuer, das kein Sturm dieser Welt auslöschen kann – es sei denn, du gibst auf. Aber das wirst du nicht. Denn du bist stärker, als du denkst.

Glaube an dich. Glaube an deine Träume. Und vor allem: Habe den Mut, deinen eigenen Weg zu gehen – auch wenn er steinig ist, auch wenn niemand außer dir ihn sehen kann. Geh weiter. Schritt für Schritt. Tag für Tag. Mit jeder Entscheidung, die du triffst, mit jedem kleinen Erfolg, den du feierst, wächst du über dich hinaus.

Und eines Tages wirst du genau an dem Punkt stehen, an dem du heute noch glaubst, nie ankommen zu können – und du wirst lächeln, weil du weißt: Du hast es geschafft. Nicht, weil es einfach war. Sondern, weil du niemals aufgegeben hast.

Kapitel 01

MENSCHLICHKEIT ALS SCHLÜSSEL ZUM ERFOLG

DIE UNSICHTBARE STÄRKE DER MENSCHLICHKEIT

Erfolg beginnt in uns selbst. Er ist nicht nur das Ergebnis von harter Arbeit oder klugen Strategien, sondern vor allem der Fähigkeit, mit anderen Menschen umzugehen. Menschlichkeit – geprägt von Empathie, Verständnis und Mitgefühl – ist die Grundlage für echte Verbindungen. Sie ist der unsichtbare Schlüssel, der Türen öffnet, die man mit Macht oder Geld niemals aufstoßen kann.

In einer Welt, die oft von Geschwindigkeit und Effizienz getrieben wird, wirkt Menschlichkeit wie ein Anker. Sie schafft Vertrauen, baut Brücken und hinterlässt Spuren im Leben der Menschen. Stell dir vor, wie oft wir in hektischen Momenten den Menschen hinter den Worten oder Handlungen übersehen. Doch genau hier liegt die Chance: Wenn du lernst, andere wirklich zu sehen – ihre Ängste, ihre Hoffnungen und ihre Wünsche – wirst du auf eine Weise erfolgreich sein, die nachhaltiger ist als jede kurzfristige Strategie.

EIN BERUFLICHES BEISPIEL: DER UNZUFRIEDENE KUNDE

Ein Handwerker sitzt in seinem Büro, als ein Kunde hereinkommt. Sein Gesicht ist angespannt, seine Stimme laut. „Das Badezimmer, das Sie renoviert haben, entspricht nicht meinen Vorstellungen!" Die erste Reaktion könnte sein, sich zu rechtfertigen oder defensiv zu werden. Doch anstatt der Wut persönlich zu nehmen, wählt der Handwerker einen anderen Weg.

Er atmet tief durch, lädt den Kunden ein, sich zu setzen, und hört ihm ruhig zu. Nicht nur die Worte, sondern auch die Emotionen dahinter. „Ich verstehe, dass Sie enttäuscht sind. Lassen Sie uns zusammen anschauen, was genau nicht passt, und eine Lösung finden, die Sie glücklich macht."

Nach einer ausführlichen Besprechung und einer kleinen, schnellen Nachbesserung verlässt der Kunde zufrieden das Büro – und empfiehlt den Handwerker später sogar an Freunde weiter. Warum? Weil er sich gehört und respektiert gefühlt hat.

EIN PRIVATES BEISPIEL: VERLUST IN DER FAMILIE UND STREIT IN DER BEZIEHUNG

Ich erinnere mich an eine Szene aus meinem eigenen Leben. Ein Mitarbeiter kam eines Morgens sichtlich niedergeschlagen zur Arbeit. Sein Blick war leer, seine Schultern hingen. Normalerweise hätte ich vielleicht gesagt: „Kopf hoch, morgen wird's besser." Doch an diesem Tag entschied ich mich, ihn in mein Büro einzuladen.

„Was ist los? Du wirkst heute ganz anders?“, fragte ich. Nach kurzem Zögern brach er in Tränen aus und erzählte mir von einem Verlust in seiner Familie. Wir saßen fast eine Stunde zusammen, redeten und schwiegen. Ich bot ihm an, ein paar Tage freizunehmen.

Monate später kam er zu mir und sagte: „Danke, dass Sie damals für mich da waren. Diese Geste hat mich so sehr aufgebaut, dass ich heute mit voller Kraft zurück bin.“

Ein Moment kann alles verändern

Ein anderes privates Beispiel: Ein Ehepaar streitet sich über Finanzen. Beide fühlen sich unverstanden, erheben die Stimmen. Es scheint, als gäbe es keine Lösung. Doch dann macht einer der beiden einen Schritt zurück, schaut dem anderen in die Augen und sagt: „Ich glaube, ich habe nicht wirklich verstanden, was dich gerade belastet. Erzähl mir, warum dir dieses Thema so wichtig ist.“

Plötzlich ändert sich die Atmosphäre. Die Wut weicht der Verletzlichkeit, und anstelle eines Streits entsteht ein Gespräch. Am Ende finden beide nicht nur eine Lösung, sondern fühlen sich einander näher als zuvor.

WARUM MENSCHLICHKEIT NACHHALTIG WIRKT

Ob in einem beruflichen Kontext oder im Privaten – Menschlichkeit wirkt immer. Sie hinterlässt Spuren im Herzen der Menschen. Es geht nicht darum, perfekt zu sein, sondern authentisch. Es geht darum, in schwierigen Momenten präsent zu sein und zu zeigen: „Ich sehe dich, ich höre dich, und ich bin für dich da.“

Erfolg ist kein Zufall, wenn er auf Menschlichkeit basiert. Er ist die logische Konsequenz davon, Menschen zu behandeln, wie wir selbst behandelt werden möchten.

Stell dir vor, wie die Welt aussehen würde, wenn jeder diesen Schlüssel in der Hand hätte. Stell dir vor, wie viel erfüllter unser Leben wäre. Du kannst derjenige sein, der den Unterschied macht – in deinem Beruf, in deiner Familie und in deiner Gemeinschaft.

Das ist der wahre Erfolg.

Kapitel 02

DIE MACHT DER GESCHICHTEN

WARUM GESCHICHTEN (LANGE) WIRKEN

Geschichten sind das Herz der Menschlichkeit. Sie berühren, inspirieren und bleiben tief in den Herzen der Menschen verankert. Während Fakten unseren Verstand erreichen, sprechen Geschichten unsere Seele an. Sie wecken Emotionen, schaffen Vertrauen und machen uns als Menschen greifbar. Die wahre Kraft der Geschichten liegt nicht nur in ihrer Schönheit, sondern in ihrer Fähigkeit, Brücken zwischen Menschen zu bauen.

Seit Anbeginn der Zeit erzählen wir Geschichten – am Lagerfeuer, in Büchern oder heute auf Social Media. Sie vermitteln uns Wissen und das Gefühl, Teil von etwas Größerem zu sein. Eine gut erzählte Geschichte hat die Kraft, Trost zu spenden, Mut zu machen oder Perspektiven zu verändern. In der Geschäftswelt, in Beziehungen oder in der Familie: Geschichten sind der Schlüssel zu echter Verbundenheit.

EIN BERUFLICHES BEISPIEL: EIN SCHWIERIGER START

Stell dir vor, du bist Unternehmer und möchtest deinem Team zeigen, dass Rückschläge kein Ende bedeuten. Du erzählst ihnen von deinem ersten großen Auftrag. Wie du voller Euphorie gestartet bist, nur um festzustellen, dass du dir zu viel vorgenommen hattest. Der Kunde war unzufrieden, und die Kritik traf dich tief. Doch anstatt aufzugeben, nahmst du es als Lektion. Du lernst daraus, baust Prozesse auf und sicherst so deinen nächsten Erfolg.

Diese Geschichte zeigt deinen Mitarbeitern, dass auch du Fehler machst, aber nicht aufgibst. Sie wird sie ermutigen, Herausforderungen anzunehmen und an sich zu glauben – genau, wie du es getan hast.

EIN PRIVATES BEISPIEL: DER STOLZ EINES VATERS

Ein Vater erzählt seinem Sohn eine Geschichte aus seiner Jugend. Wie er beim ersten Fußballspiel in der Schule ausgewechselt wurde, weil er vor Aufregung den Ball immer verfehlte. Er erinnert sich an die Tränen und den Spott der anderen Kinder. Doch er erzählt auch, wie er weiter trainierte, sich selbst nicht aufgab und am Ende sogar Mannschaftskapitän wurde.

Der Sohn, der gerade mit einer schlechten Note aus der Schule kam, sieht plötzlich ein Vorbild vor sich. Der Vater hat ihm nicht nur Trost gespendet, sondern ihm gezeigt, dass Niederlagen Teil des Lebens sind – und es am Ende darauf ankommt, wieder aufzustehen.

EIN EMOTIONALER MOMENT IM FREUNDESKREIS

Ein Freundeskreis sitzt zusammen, und einer der Freunde wirkt bedrückt. Als die anderen nachfragen, erzählt er von seiner Angst vor einer bevorstehenden Entscheidung – einem Jobwechsel, der mit großen Unsicherheiten verbunden ist.
Ein anderer Freund reagiert nicht mit Ratschlägen, sondern mit einer Geschichte: „Weißt du, ich erinnere mich an die Zeit, als ich selbst vor einer ähnlichen Entscheidung stand. Ich war voller Zweifel, habe lange gezögert. Doch dann habe ich mir vorgestellt, wie ich mich in zehn Jahren fühlen würde, wenn ich diesen Schritt nicht wage. Ich habe meinen Mut zusammengenommen, und heute bin ich dankbar dafür."

Die Geschichte erreicht den bedrückten Freund. Er fühlt sich verstanden und gewinnt durch die Erzählung neuen Mut.

EIN PERSÖNLICHER MOMENT IN DER PARTNERSCHAFT

In einer Partnerschaft kann es vorkommen, dass der eine sich unverstanden fühlt. Anstatt in einen Streit zu geraten, kannst du eine Geschichte teilen: „Weißt du, ich erinnere mich an eine ähnliche Situation vor einigen Jahren. Damals hatte ich das Gefühl, dass niemand versteht, wie schwer es mir fällt, alles unter einen Hut zu bringen. Aber dann hat jemand zu mir gesagt: ‚Es ist okay, wenn du nicht alles perfekt machst. Du bist trotzdem genug.' Diese Worte haben mich damals so berührt, und ich möchte dir heute dasselbe sagen: Du bist genug, so wie du bist."
Solche Geschichten schaffen eine emotionale Verbindung und zeigen, dass du deinen Partner verstehst.

DIE MAGIE DER AUTHENTIZITÄT

Was macht eine gute Geschichte aus? Es ist nicht die perfekte Wortwahl oder die dramatische Handlung. Es ist deine Authentizität. Wenn du ehrlich und offen von deinen Erfahrungen erzählst, spüren die Menschen deine Echtheit. Sie fühlen sich nicht belehrt, sondern inspiriert.

Die besten Geschichten tragen eine Botschaft, die Menschen tief in sich aufnehmen können. Sie werden oft noch Jahre später erzählt und haben die Kraft, sich wie ein Echo in den Köpfen und Herzen der Menschen auszubreiten. Also ...

Erzähle deine Geschichte! Sei mutig, sei echt. Du wirst erstaunt sein, wie viele Menschen sich von dir berühren lassen. Denn in einer Welt, die oft oberflächlich erscheint, sind Geschichten wie ein Licht, das den Weg weist.

Kapitel 03

DIE FÜNF SINNE DER MENSCHLICHKEIT

UNSERE SINNE – DIE TORE ZU UNSEREN GEFÜHLEN

Unsere Sinne schenken uns nicht nur die Fähigkeit, die Welt wahrzunehmen, sondern auch, Emotionen zu verstärken und tiefe Verbindungen herzustellen. Die fünf Sinne – Sehen, Hören, Fühlen, Riechen und Schmecken – spielen eine entscheidende Rolle in der Art und Weise, wie wir Erlebnisse und Botschaften aufnehmen. Wer sie bewusst in seine Kommunikation einbindet, kann Menschen nicht nur erreichen, sondern tief berühren.

SEHEN – DER SCHLÜSSEL ZUR VORSTELLUNGSKRAFT

Der visuelle Sinn ist oft der erste, der angesprochen wird. Ein Bild sagt mehr als tausend Worte, heißt es. Farben, Formen und Eindrücke beeinflussen unsere Stimmung und bleiben uns im Gedächtnis.

Ein Beispiel aus dem Beruf
Stell dir vor, du präsentierst ein neues Produkt. Anstatt nur darüber zu sprechen, zeigst du ein hochwertiges Video: die glänzende Oberfläche, das strahlende Lächeln eines Kunden, der das Produkt benutzt. Diese visuellen Elemente erzeugen ein Bild im Kopf des Zuschauers – ein Bild von Qualität, Freude und Erfolg.

Ein Beispiel aus dem Privaten
Erinnerst du dich an den Moment, als du das Gesicht deines Kindes gesehen hast, als es sein erstes Fahrrad bekommen hat? Dieses Leuchten in den Augen sagt mehr über Glück aus, als Worte es je könnten. Solche Erinnerungen bleiben, weil sie visuell so stark sind.

HÖREN – DER KLANG DER EMOTIONEN

Töne und Stimmen wecken Emotionen und verstärken Botschaften. Ein warmes Lachen, ein mitfühlender Tonfall oder ein kraftvoller Klang können Welten bewegen.

Ein Beispiel aus dem Beruf
Ein Verkäufer, der mit monotoner Stimme spricht, wird selten Begeisterung wecken. Doch jemand, der mit Enthusiasmus und Wärme spricht, zieht Menschen an. Denk an eine Werbung, in der sanfte Musik spielt und eine ruhige, angenehme Stimme die Geschichte erzählt. Du fühlst dich direkt angesprochen, weil der Klang Emotionen transportiert.

Ein Beispiel aus dem Privaten
Erinnerst du dich an die Geschichten deiner Eltern, die dich als Kind in den Schlaf gewiegt hat? Während dir eine Geschichte vorgelesen wurde. Diese Geschichten haben dir Sicherheit und Geborgenheit vermittelt.

FÜHLEN – DIE DIREKTE VERBINDUNG

Berührung ist der unmittelbarste Sinn. Etwas zu fühlen bedeutet, es wirklich zu erleben. Eine warme Hand auf der Schulter oder die Textur eines hochwertigen Produkts können tief berühren.

Ein Beispiel aus dem Beruf
In einem Möbelgeschäft sagt dir der Verkäufer nicht nur, dass das Sofa bequem ist. Er lädt dich ein, dich darauf zu setzen, die weiche Oberfläche zu spüren und den Komfort selbst zu erleben. Diese Berührung überzeugt mehr als jede Erklärung.

Ein Beispiel aus dem Privaten
Denk an einen Moment, in dem dich jemand in den Arm genommen hat, als du traurig warst. Kein Wort konnte in diesem Moment so viel Trost spenden wie diese Berührung. Sie vermittelte Wärme, Verständnis und Nähe.

RIECHEN – DER UNSICHTBARE ERINNERUNGSANKER)

Düfte sind magisch. Sie wecken Erinnerungen und Emotionen, wie kein anderer Sinn. Ein bestimmter Duft kann uns in die Kindheit zurückversetzen oder an einen geliebten Menschen erinnern.

Ein Beispiel aus dem Beruf
In einer Bäckerei riecht es nach frischem Brot und Gebäck. Dieser Duft allein zieht Kunden an und vermittelt Qualität und Frische. Auch in einem Hotel kann ein angenehmer Duft in der Lobby den Eindruck von Luxus und Wohlbefinden verstärken.

Ein Beispiel aus dem Privaten
Erinnerst du dich an den Geruch des Parfüms eines geliebten Menschen? Jedes Mal, wenn dir dieser Duft begegnet, fühlst du dich an schöne Momente mit dieser Person erinnert.

SCHMECKEN – DER GESCHMACK DES LEBENS

Der Geschmackssinn ist zutiefst emotional. Ein bestimmtes Gericht oder Aroma kann Freude, Nostalgie oder Trost hervorrufen.

Ein Beispiel aus dem beruflichen Kontext
Ein Winzer, der seinen Wein verkauft, beschreibt nicht nur die Traubensorte. Er lädt seine Kunden ein, den Wein zu probieren. Während sie den Geschmack erleben, spricht er über die sonnigen Weinberge, die Leidenschaft bei der Herstellung und die perfekte Harmonie der Aromen.

Ein Beispiel aus dem Privaten
Denk an das Lieblingsessen deiner Kindheit – vielleicht das Sonntagsgericht, das deine Oma immer für dich gekocht hat. Dieser Geschmack war mehr als Nahrung; er war Liebe, Geborgenheit und ein Gefühl von zu Hause.

DIE FÜNF SINNE IN DER PRAXIS

Wenn du Sehen, Hören, Fühlen, Riechen und Schmecken bewusst in deine Kommunikation einbindest, schaffst du eine umfassende Erfahrung. Deine Botschaften werden nicht nur gehört, sondern erlebt.

Ein umfassendes Beispiel hierzu
Du organisierst eine Feier für deine Mitarbeiter. Du dekorierst den Raum mit warmen Farben und angenehmem Licht (Sehen), spielst ruhige, motivierende Musik (Hören), servierst köstliche Speisen (Schmecken) und verteilst hochwertige Geschenke mit angenehmer Textur (Fühlen). Der Raum duftet nach frischen Blumen (Riechen). Diese Kombination spricht alle Sinne an und hinterlässt bei jedem Teilnehmer einen bleibenden Eindruck.

WARUM SINNE MENSCHLICH MACHEN

Unsere Sinne sind die Brücke zwischen unserer Innenwelt und der Außenwelt. Sie verbinden uns mit anderen Menschen und helfen uns, Emotionen nicht nur zu fühlen, sondern auch zu teilen. Wenn du lernst, die Sinne in deiner Kommunikation bewusst einzusetzen, wirst du nicht nur gehört, sondern wirklich verstanden.

Nutze die Kraft der Sinne, um deine Botschaften mit Leben zu füllen. Denn wenn du die Sinne ansprichst, berührst du die Herzen der Menschen.

Kapitel 04

PERSÖNLICHE WEITER-ENTWICKLUNG

DEIN SCHLÜSSEL ZUR VERÄNDERUNG

Dieses Kapitel ist eines der bedeutendsten auf deinem Weg zu einem erfüllten und erfolgreichen Leben. Persönliche Weiterentwicklung ist mehr als nur ein Konzept – es ist die Reise zu dir selbst. Es ist der Moment, in dem du erkennst, dass Veränderung immer bei dir beginnt. Selbstreflexion und der Wille, an dir zu arbeiten, sind die Werkzeuge, um alte Muster zu durchbrechen und dein wahres Potenzial zu entfalten.

Manchmal mag diese Reise beängstigend erscheinen, weil sie Ehrlichkeit und Mut erfordert. Aber genau darin liegt ihre Stärke: In dem Moment, in dem du die Verantwortung für dein Leben übernimmst, hältst du den Schlüssel für jede Tür, die du öffnen möchtest, in deinen Händen.

DIE KRAFT DER SELBSTREFLEXION

Selbstreflexion ist wie ein Spiegel, in den du schaust, um dein wahres Ich zu sehen – nicht das Bild, das andere von dir haben, sondern die Person, die du wirklich bist.

Ein berufliches Beispiel
Stell dir vor, du leitest ein Team, das in letzter Zeit nicht die gewünschten Ergebnisse erzielt hat. Anstatt die Schuld bei den Mitarbeitern zu suchen, nimmst du dir bewusst Zeit, um zu reflektieren: Was könnte ich anders machen? Wie kann ich meine Kommunikation verbessern? Durch diese ehrliche Analyse erkennst du, dass du vielleicht zu wenig Vertrauen in dein Team gezeigt hast. Indem du das änderst und offener wirst, schaffst du eine Atmosphäre, in der dein Team aufblüht.

Ein privates Beispiel
Vielleicht merkst du in einer Beziehung, dass sich Konflikte immer wiederholen. Anstatt den anderen für alles verantwortlich zu machen, fragst du dich: Welche Rolle spiele ich in diesen Situationen? Durch diese Reflexion findest du heraus, dass du manchmal zu wenig über deine Gefühle sprichst. Mit dieser Erkenntnis beginnst du, offener zu kommunizieren, und die Beziehung wird tiefer und harmonischer.

TECHNIKEN ZUR WEITERENTWICKLUNG: NLP UND HYPNOSE

NLP (Neurolinguistisches Programmieren) und Hypnose sind mächtige Werkzeuge, um tief verwurzelte Denkmuster zu verändern. Sie helfen dir, alte Glaubenssätze zu hinterfragen und eine positive Denkweise zu entwickeln.

Eine Geschichte der Veränderung
Ein Freund von mir hatte jahrelang Angst, vor großen Gruppen zu sprechen. Diese Angst lähmte ihn beruflich und privat. Durch NLP lernte er,

diese Angst als Herausforderung zu sehen. Er visualisierte sich selbst, wie er souverän vor Menschen sprach, und verknüpfte dieses Bild mit positiven Gefühlen. Mit jeder Übung wuchs sein Selbstvertrauen, und heute hält er Vorträge vor Hunderten von Menschen – etwas, das er früher für unmöglich hielt.

DANKBARKEIT ALS SCHLÜSSEL ZU EINEM POSITIVEN MINDSET

Dankbarkeit ist eine der einfachsten und gleichzeitig wirkungsvollsten Übungen, um dein Leben nachhaltig zu verändern. Sie hilft dir, den Fokus auf das Positive zu lenken und Wertschätzung für die kleinen Dinge zu entwickeln.

Ein berufliches Beispiel

Eine Kollegin erzählte mir, dass sie sich oft gestresst und unter Druck gesetzt fühlte. Auf meinen Rat hin begann sie, jeden Abend drei Dinge aufzuschreiben, für die sie dankbar war – sei es ein erfolgreich abgeschlossenes Projekt, ein Lob von einem Kunden oder einfach der Kaffee, der ihr den Morgen gerettet hat. Nach einigen Wochen bemerkte sie, dass ihr Stress nachließ und sie mit einer viel positiveren Einstellung zur Arbeit ging.

Ein privates Beispiel

Ich erinnere mich an einen Vater, der sich oft von den Anforderungen des Alltags überwältigt fühlte. Eines Tages begann er, abends mit seinen Kindern zu sprechen und sie zu fragen, wofür sie dankbar waren. Die Antworten waren oft rührend: „Dass du heute mit mir Fußball gespielt hast“ oder „Dass wir zusammen Abendessen hatten.“ Diese Momente halfen ihm, den Fokus von den Belastungen des Tages auf die Liebe und Freude in seinem Leben zu lenken.

DIE STÄRKE, ALTE MUSTER ZU DURCHBRECHEN

Wir alle haben Gewohnheiten und Glaubenssätze, die uns zurückhalten. Doch persönliche Weiterentwicklung bedeutet, den Mut zu haben, diese Muster zu hinterfragen und neue Wege zu gehen.

Eine private Geschichte

Eine Frau in meinem Umfeld kämpfte jahrelang mit dem Glaubenssatz, dass sie nicht gut genug sei. Diese Überzeugung hielt sie davon ab, ihre Träume zu verfolgen. Durch Hypnose und die Arbeit an ihrer Selbstwahrnehmung erkannte sie, dass diese Überzeugung nur eine Geschichte war, die sie sich selbst erzählte. Heute führt sie ihr eigenes erfolgreiches Unternehmen und sagt stolz: „Ich habe gelernt, an mich zu glauben.“

DIE EMOTIONALE REISE ZUR SELBSTVERWIRKLICHUNG

Persönliche Weiterentwicklung ist kein geradliniger Weg. Es gibt Tage, an denen du Zweifel hast, und Momente, in denen du zurückfällst. Aber genau diese Höhen und Tiefen machen die Reise wertvoll.

Ein Beispiel aus meinem Leben
Als ich mein erstes Unternehmen gründete, hatte ich oft das Gefühl, überfordert zu sein. Es gab Tage, an denen ich ans Aufgeben dachte. Doch jedes Mal, wenn ich reflektierte, warum ich begonnen hatte, fand ich neue Kraft. Heute weiß ich: Die schwierigsten Momente waren die, in denen ich am meisten über mich selbst gelernt habe.

WARUM DIESES KAPITEL SO WICHTIG IST

Dieses Kapitel ist entscheidend, weil es dich daran erinnert, dass die größte Kraft in dir selbst liegt. Egal, welche äußeren Umstände dich umgeben – die wahre Veränderung beginnt bei dir. Du bist der Autor deiner Geschichte. Mit jeder Entscheidung, die du triffst, gestaltest du dein Leben.

Setze kleine Schritte: Schreibe Dankbarkeitslisten, arbeite mit positiven Affirmationen, probiere Techniken wie NLP oder Hypnose aus. Und vor allem: Sei geduldig mit dir selbst. Jede Veränderung beginnt mit dem ersten Schritt.

Die Frage ist nicht, ob du dich verändern kannst. Die Frage ist, ob du bereit bist, damit zu beginnen!

Kapitel 05

STRUKTUR SCHAFFT FREIHEIT

DIE ERSTEN JAHRE ALS UNTERNEHMER

Zu Beginn meiner Selbstständigkeit war ich wie ein Schmetterling, der von einer Idee zur nächsten flatterte. Der Tag begann mit einem vollen Kopf, voller Aufgaben und Pläne. Und doch blieb am Ende des Tages oft das Gefühl, nicht wirklich vorangekommen zu sein. Ich war überfordert, die Arbeit war chaotisch und nichts schien richtig zu laufen. Ich fühlte mich in einem Hamsterrad, in dem ich rannte, aber nicht vorwärtskam. Dann entschloss ich mich, Struktur zu schaffen – ein mutiger Schritt in eine unbekannte Richtung. Ich begann, meine Tage zu planen, und das mit einer simplen, aber kraftvollen Idee: Ich reservierte jeden Morgen eine Stunde für die wichtigsten Aufgaben des Tages, bevor ich mich von E-Mails, Telefonaten oder anderen Ablenkungen beeinflussen ließ. Diese Stunde gehörte ganz meinen Prioritäten und mir.
Anfangs war das ungewohnt. Es war einfach so verlockend, dem täglichen Sturm von Aufgaben zu folgen. Doch ich blieb diszipliniert, und nach nur wenigen Wochen bemerkte ich, wie sich mein Fokus und meine Produktivität steigerten. Und was noch viel wichtiger war: Diese Stunde schenkte mir einen Raum für Kreativität. Ich konnte die Gedanken, die mir sonst ständig durch den Kopf schossen, endlich in Ruhe ordnen und durchdenken. Ich war nicht länger Sklave meiner Aufgaben – sie wurden vielmehr meine Partner.

Oft klingt dieses Wort – Struktur – nach Einschränkung und Enge, doch es ist das genaue Gegenteil. Für mich hat Struktur stets einen befreienden Charakter gehabt. Als Unternehmer und später als Coach wusste ich, dass klare Strukturen und Routinen nicht nur für Erfolg, sondern auch für Freiheit sorgen – vor allem die Freiheit, das Leben nach den eigenen Vorstellungen zu gestalten.

EIN PRIVATES BEISPIEL: MEIN MORGENRITUAL

Neben meiner Arbeit hatte ich erkannt, dass Struktur auch in meinem Privatleben ein Schlüssel zu Freiheit war. Insbesondere in meiner Familie wollte ich mehr Zeit für die wichtigen Dinge haben. Die Balance zwischen Beruf und Privatleben zu finden, war nie einfach. Oft blieb die Zeit für meine Familie und mich auf der Strecke. Doch als ich auch hier klare Strukturen einführte, änderte sich alles.

Zusammen mit meiner Familie entwickelte ich ein „Morgenritual": Jeden Tag begann ich mit einer Stunde für mich – ohne Handy, ohne Arbeit. Ich nannte es die „Zeit für mich" – eine Stunde, in der ich meditierte, Sport machte oder einfach in Ruhe einen Kaffee trank. Danach verbrachte ich Zeit mit meiner Familie – mit vollen Händen und einem klaren Kopf. Diese Routine war nicht nur für mich befreiend, sondern auch für die Beziehung zu meinen Liebsten. Denn, indem ich Struktur in meinen Alltag brachte, konnte ich die Zeit mit ihnen bewusst und ohne Ablenkungen genießen.

DIE FREIHEIT DER ENTSCHEIDUNG

Der wahre Zauber von Struktur liegt in der Freiheit, die sie ermöglicht. Wenn du deine wichtigsten Aufgaben und Zeitblöcke im Voraus planst, gewinnst du Kontrolle. Kontrolle über deinen Tag, deine Arbeit und dein Leben. Du bist nicht länger ein Spielball der Umstände, sondern der Regisseur deines eigenen Films. Und diese Freiheit, Entscheidungen bewusst treffen zu können, ist es, die dir auf lange Sicht echte Erfüllung bringt.

Struktur sorgt nicht nur dafür, dass du deine Aufgaben effizient und produktiv erledigst. Sie gibt dir auch die Möglichkeit, Freiräume zu schaffen – für die Dinge, die wirklich zählen, für die Momente, die du sonst verpasst hättest.

Struktur hat mir persönlich nicht nur beruflich den Weg zu mehr Erfolg geebnet, sondern sie hat mir auch eine Freiheit ermöglicht, die ich nie für möglich gehalten hätte. Es ist wie ein unsichtbares Netz, das dich stützt, während du deine Ziele verfolgst.

Strukturen können dir den Raum schaffen, den du brauchst, um kreativ zu sein, um dich auf das Wesentliche zu konzentrieren, und vor allem – um das Leben zu genießen.

Kapitel 06

DIE SCHLÜSSEL FÜR ERFOLG & ERFÜLLUNG

ERFOLG IST TEAMARBEIT

Erfolg ist selten allein ein Ergebnis individueller Leistung – er entsteht vielmehr durch die Zusammenarbeit vieler, die ihre persönlichen Stärken und individuellen Fähigkeiten bündeln. Die Bedeutung des Teams wird oft unterschätzt, besonders in einer Welt, die uns häufig dazu anregt, auf uns selbst stolz zu sein und den Erfolg als persönlichen Triumph zu feiern. Aber wahre Erfüllung kommt nicht aus dem Ego, sondern dann, wenn man den Erfolg mit anderen teilen kann und ein starkes, unterstützendes Netzwerk um sich herum hat.

Ich erinnere mich an einen Moment, der mir klargemacht hat, wie entscheidend Teamarbeit im Berufsleben ist. Es war zu der Zeit, als ich als Handwerksunternehmer tätig war. Unsere Firma war gut aufgestellt, aber es gab immer wieder Herausforderungen, bei denen ich merkte, dass ich alleine nicht weiterkam. Wir hatten einen erfahrenen Obermonteur, der immer dann unschlagbar war, wenn es um präzise Arbeiten ging, aber er fühlte sich oft isoliert, da er seine Expertise nicht wirklich mit dem Rest des Teams teilte. Es war, als würde er die Verantwortung nur für sich selbst tragen, was uns als Team nicht weiterbrachte.

Eines Tages, als wir ein besonders komplexes Projekt abwickelten, beschloss ich, das zu ändern. Ich stellte mich mit ihm hin, bat ihn, seine Erfahrungen zu teilen und ihn aktiv einzubinden, damit er die Führung bei bestimmten Aspekten übernehmen konnte. Wir ermutigten ihn, sein Wissen zu übertragen und den anderen Kollegen zu helfen, ihre Fähigkeiten zu erweitern. Es war ein Augenblick des Wandels. Die Atmosphäre im Team veränderte sich – es war plötzlich nicht mehr „„ich"gegen „alle", sondern „wir" in einem gemeinsamen Bestreben, das Beste aus uns herauszuholen.

TEAMWORK MAKES THE DREAM WORK

Dieser Schritt veränderte nicht nur die Qualität unserer Arbeit, sondern auch die Dynamik innerhalb des Unternehmens. Wir hatten nicht nur ein gemeinsames Ziel, sondern jeder konnte mit seinen persönlichen Stärken zu diesem Ziel beitragen. Ich musste lernen, Verantwortung zu teilen und anderen zu vertrauen. Zuvor war ich gewohnt, alles selbst zu entscheiden und zu machen. Doch die wahre Stärke liegt darin, anderen zu ermöglichen, sich zu entfalten.

Es war ein echter Aha-Moment: Erfolg kommt nicht durch Alleingänge, sondern durch das kollektive Engagement eines Teams. Jeder trägt seinen Teil dazu bei, und jeder sollte auch die Möglichkeit bekommen, das Beste aus sich herauszuholen.

Ein privates Beispiel: Ferienplanung für die ganze Familie

Privat sah es genauso aus. Wenn ich an meine Familie denke, ist es das gleiche Prinzip. Jeder von uns hat eine Rolle und Verantwortung im Familienleben, aber nur, wenn wir unsere individuellen Stärken nutzen und als Team zusammenarbeiten, funktioniert alles reibungslos. Ich erinnere mich an die Zeit, als meine Kinder kleiner waren und wir als Familie die Ferienplanung organisiert haben. Es gab Momente, in denen jeder von uns eine Aufgabe übernommen hat, sei es das Kochen, das Packen oder das Planen der Ausflüge. Es war nicht einfach – aber das Gefühl, gemeinsam etwas zu erreichen und den Erfolg zu teilen, war unbeschreiblich.

DEIN UMFELD IST ALLES ENTSCHEIDEND

Ein weiteres Beispiel aus meinem privaten Leben: In einer schwierigen Phase meines Lebens, als ich mit Ängsten und Zweifeln zu kämpfen hatte, erlebte ich, wie viel es ausmacht, Menschen um sich zu haben, die an einen glauben. Mein Umfeld, meine Freunde und Familie standen mir bei. Sie gaben mir die Kraft, weiterzumachen, auch wenn ich es selbst nicht mehr konnte. Ihre Unterstützung war der Schlüssel, um wieder auf die Beine zu kommen.

Die wichtigste Erkenntnis daraus: Niemand kann alles alleine erreichen. Es ist der Austausch und das Teilen von Verantwortung, das einen wahrhaft erfolgreichen Menschen ausmacht. Wenn jeder in einem Team das Gefühl hat, wertgeschätzt und gebraucht zu werden, kommt der Erfolg ganz von selbst. In einem Team ist jeder einzelne Teil genauso wichtig wie der nächste, und gemeinsam sind wir viel stärker.

Teamarbeit heißt, Verantwortung zu teilen, einander zu vertrauen und den gemeinsamen Erfolg zu feiern. Es ist eine Lektion, die nicht nur im Berufs-, sondern auch im Privatleben entscheidend ist. Nur wenn wir uns gegenseitig unterstützen und anerkennen, können wir wirklich wachsen – sowohl als Individuen als auch als Team.

Kapitel 07

DIE KRAFT DES SCHEITERNS

FEHLER UND MISSERFOLGE

Zwei Worte, die vielen von uns Angst einjagen. Doch ich habe im Laufe der Jahre gelernt, dass sie nicht das Ende sind, sondern ein entscheidender Moment auf dem Weg zum Erfolg. Sie sind wie unaufhörliche Regenfälle, die, obwohl sie manchmal unangenehm erscheinen, den Boden für etwas Neues bereiten.

Ich erinnere mich an eine Situation, die tief in mir etwas verändert hat. Es war zu Beginn meiner Reise als Unternehmer. Ein ambitioniertes Projekt stand an, das uns einen ordentlichen Gewinn bringen sollte. Doch die Dinge liefen nicht wie geplant. Ein Fehler in der Kalkulation führte dazu, dass wir mit einem riesigen Verlust dastehen würden. Als ich es herausfand, verfluchte ich das ganze Projekt, fühlte ich mich als Versager und war kurz davor, alles hinzuschmeißen.

Doch an diesem Punkt trat mein Mentor in mein Leben, der mir etwas Wichtiges sagte: „Christian, du bist noch nicht gescheitert. Du bist lediglich in einem Prozess. Und dieser Prozess hat noch lange nicht sein Ende erreicht." Diese Worte trafen mich tief, aber sie gaben mir gleichzeitig den Mut, nicht aufzugeben. Statt mich in der Scham zu vergraben, zog ich mich zurück, analysierte jede einzelne Entscheidung, die mich zu diesem Punkt geführt hatte, und vor allem fragte ich mich: „Was kann ich aus dieser Erfahrung lernen, um es das nächste Mal besser zu machen?"

FOKUSSIERE DICH AUF DIE LEKTION ANSTATT DEN VERLUST

Ich nahm eine andere Perspektive ein – statt mich auf den Verlust zu konzentrieren, begann ich, die wertvollen Lektionen zu sehen, die mir dieser Rückschlag vermittelte. Ich wusste nun, wie ich meine Kalkulationen noch präziser durchführen konnte und welche strategischen Fehler ich nicht wiederholen durfte. Und was das Wichtigste war: Ich hatte gelernt, mich selbst nicht mehr als Versager zu sehen. Fehler gehören einfach dazu, aber sie definieren uns nicht. Der Mut, immer wieder aufzustehen und weiterzumachen, macht uns erst wirklich stark.
Es gab auch einen anderen Moment in meinem Leben, der mir in Erinnerung geblieben ist. Ich hatte gerade eine neue Geschäftsidee gestartet, die mir viel bedeutete. Ich stellte fest, dass mein Konzept nicht bei den Kunden ankam, wie ich es erhofft hatte. Wir hatten kaum Verkäufe, und die Zeit drängte. Ich erinnere mich an eine besonders schwierige Nacht, in der ich nach einer langen Woche der Enttäuschung zu Hause saß und über alles nachdachte. Der Gedanke, alles hinzuschmeißen, kam mir immer wieder. Doch etwas in mir sagte: „Gib nicht auf!"

Ich nahm einen neuen Anlauf, ging zurück zu den Anfängen, redete mit den Kunden, fragte nach ihrem Feedback und ließ ihre Meinungen in mein Konzept einfließen. Es war nicht einfach, aber mit jeder kleinen Anpassung wuchs meine Idee. Und schließlich, nach vielen weiteren

Anpassungen und Rückschlägen, wuchs das Geschäft. Was anfangs ein völliger Fehlschlag war, wurde später zu einem meiner größten Erfolge.

WAS KANN ICH TUN, UM BESSER ZU WERDEN?

Dieser Erfolg kam jedoch nicht aus dem Nichts. Er war das Ergebnis von vielen kleinen Fehlschlägen und der Bereitschaft, immer wieder aufzustehen und mich zu fragen: „Was kann ich tun, um besser zu werden?" Der Schlüssel war, meine Fehler zu akzeptieren und sie nicht als Hindernis, sondern als Gelegenheit zu sehen, um zu wachsen.

Fehler und Misserfolge werden uns immer wieder begegnen. Aber anstatt sie als Niederlagen zu betrachten, sollten wir sie als Prüfsteine auf unserem Weg sehen. Sie sind Chancen, die uns lehren, was wir beim nächsten Mal besser machen können. Es geht nicht darum, nie zu scheitern, sondern darum, wie wir aus jedem Scheitern mehr Stärke und Weisheit schöpfen.

Ich möchte, dass du dich an diesen Gedanken erinnerst:

Fehler sind der Nährboden für Wachstum. Du bist nicht definiert durch deinen Misserfolg, sondern durch deine Fähigkeit, wieder aufzustehen, weiterzugehen und aus deinen Erfahrungen zu lernen.

Kapitel 08

DER SINN DES LEBENS – GEBEN

DER MENTOR UND DER JUNGE HANDWERKER

Ich erinnere mich an einen jungen Handwerker, den ich vor Jahren kennenlernte. Er war gerade frisch aus der Ausbildung und stand vor der Herausforderung, in der Welt der selbstständigen Unternehmer Fuß zu fassen. Damals ging es mir genauso, als ich am Anfang meiner eigenen Karriere stand. Ich wusste, wie es sich anfühlte, unsicher zu sein, die richtigen Entscheidungen zu treffen, und ständig nach Rat zu suchen.

Ich entschied mich, ihm zu helfen, nicht nur als Geschäftspartner, sondern als Mentor. Wir sprachen über seine Träume, Ängste und Ziele. Ich gab ihm nicht nur praktische Tipps, sondern teilte auch meine persönlichen Erfahrungen und Fehler. Der Moment, als er mir nach einem Jahr erzählte, wie er nun in seiner eigenen Werkstatt erfolgreich arbeitet und stolz auf das ist, was er erreicht hat, war unbeschreiblich. Es war ein Moment der Erfüllung für mich. Ich wusste, dass ich nicht nur ihm geholfen hatte, sondern er auch anderen jungen Handwerkern das Gleiche ermöglichen würde.

Es ist dieser Kreislauf des Gebens, der uns immer weiterwachsen lässt.

Im Leben geht es nicht nur um den eigenen Erfolg, sondern darum, anderen zu helfen und etwas zurückzugeben. Es geht nicht nur darum, Wissen zu teilen, sondern auch Empathie und Unterstützung zu schenken.

Der wahre Erfolg liegt darin, andere auf ihrem Weg zu ermutigen.

Dies ist eine der tiefsten und erfülltesten Erfahrungen, die wir machen können. Der Sinn des Lebens wird oft nicht nur in dem gefunden, was wir erreichen, sondern in dem, was wir weitergeben. Dabei spielt es keine Rolle, wie groß oder klein der Beitrag ist – es ist der Akt des Gebens, der unsere Herzen erfüllt und uns wirklich erleuchtet.

DIE GESCHICHTE EINER MUTTER

Eine andere Geschichte, die mir immer wieder in den Sinn kommt, ist die einer Mutter, die mich bat, sie als Coach zu unterstützen, da sie nach dem Verlust ihres Mannes nicht mehr wusste, wie sie die Familie alleine durchbringen sollte. Sie war unsicher und benötigte Unterstützung. Ich erinnere mich, wie sie mir anvertraute, dass sie sich oft wertlos fühlte, als ob sie nicht genug tun würde. In ihren Augen lag die Erschöpfung des täglichen Lebens. Doch durch Gespräche und kleine Veränderungsschritte halfen wir ihr, Vertrauen in ihre eigenen Fähigkeiten zu gewinnen.

Eines Tages, als wir darüber sprachen, wie sie ihre Geschichte teilen könnte, um anderen in einer ähnlichen Situation zu helfen, leuchteten ihre Augen auf. Sie fand eine neue Erfüllung darin, ihre Erfahrungen weiterzugeben und anderen Müttern beizubringen, wie sie durch schwere Zeiten kommen können. Sie begann, lokale Treffen zu organisieren, um anderen zu helfen, ihre Ängste und Sorgen zu überwinden. Sie erzählte, dass es nicht nur ihr Leben verändert hatte, sondern auch das Leben der Menschen um sie herum. Der Kreis des Gebens, den sie begonnen hatte, verbreitete sich und inspirierte immer mehr Menschen, ihre Geschichten zu teilen und anderen zu helfen.

DIE KRAFT DES GEBENS

In meinem beruflichen Leben als Handwerksunternehmer war ich oft mit der Frage konfrontiert: „Wie kann ich meine Mitarbeiter nicht nur zu besseren Handwerkern, sondern auch zu besseren Menschen machen?" Oft war der Schlüssel, nicht nur fachliche Fähigkeiten zu fördern, sondern auch eine Haltung des Gebens zu vermitteln. Ich erinnere mich an eine besonders schwierige Zeit, als ich mit einem Mitarbeiter sprach, der das Gefühl hatte, in seiner Arbeit festzustecken und keine Zukunftsperspektive zu sehen. Anstatt ihm nur zu sagen, was er falsch machte, hörte ich hin. Ich fragte ihn nach seinen Träumen und seiner Vision. Es stellte sich heraus, dass er sich wünschte, irgendwann ein eigenes Unternehmen zu führen, aber Angst hatte, den ersten Schritt zu wagen.

Ich entschied mich, ihn nicht nur fachlich zu unterstützen, sondern auch als Person zu begleiten. Wir arbeiteten gemeinsam an seinen Zielen, und ich gab ihm Ratschläge, die über das Handwerk hinausgingen – wie er sich in der Geschäftswelt behaupten konnte und wie er seine eigene Vision aufbauen konnte. Heute ist er selbstständiger Unternehmer, und wenn er mir ab und zu eine Nachricht schickt, dass er einem seiner Mitarbeiter geholfen hat, gibt es nichts Schöneres für mich, als zu wissen, dass auch er nun sein Wissen weitergibt.

MOTIVATION FÜR DEN WEG DES GEBENS

Das Geben ist der Schlüssel, um zu einem erfüllten Leben zu finden. Und es muss nicht immer etwas Großes oder Sichtbares sein. Manchmal reicht ein einfaches Gespräch, ein kleiner Rat oder ein ehrliches Feedback, um jemandem zu helfen, den richtigen Weg zu finden.

Die wahre Bedeutung des Gebens liegt darin, dass du deine Erfahrungen und Erkenntnisse mit anderen teilst. Du wirst erstaunt sein, wie sich diese Hilfe auf dich selbst zurückspiegelt. Denn jeder Mensch, dem du hilfst, kann dir auf seine eigene Weise etwas zurückgeben – sei es durch Dankbarkeit, durch neue Perspektiven oder durch das Gefühl, dass du etwas bewirken konntest.

Vergiss nie, dass dein Weg, dein Erfolg und deine Erfahrungen nicht nur für dich selbst gedacht sind. Du hast die Fähigkeit, das Leben von anderen zu beeinflussen, und das ist eine Verantwortung, die du annehmen solltest. Gib, was du kannst, sei es Zeit, Wissen oder Unterstützung. Und sei dir sicher: Je mehr du gibst, desto mehr wirst du empfangen. Denn der wahre Sinn des Lebens liegt im Geben – und das, was du gibst, wird immer zu dir zurückkommen.

Bleib dran, gebe weiter und du wirst sehen, wie dein Leben und das Leben der Menschen um dich herum durch deine Hingabe und dein Geben immer heller werden.

Kapitel 09

GESUNDHEIT – DIE BASIS FÜR EIN ERFÜLLTES LEBEN

DISZIPLIN UND UMSETZUNG

Gesundheit kommt nicht von allein. Sie erfordert Disziplin und konsequente Umsetzung. Ich habe das am eigenen Leib erfahren, als ich das Buch „Reset – Schalten Sie Ihre Ernährung auf gesund“ von Melissa und Dallas Hartwig (Goldmann Verlag, 2016) las und beschloss, meine Ernährung radikal umzustellen. Die ersten Tage waren hart. Mein Körper verlangte nach alten Gewohnheiten, doch ich blieb standhaft. Ab dem 22. Tag erlebte ich etwas Erstaunliches: Ich sprang morgens voller Energie aus dem Bett und konnte es kaum erwarten, meine Aufgaben zu erledigen. Mein gesamtes Lebensgefühl hatte sich verändert, und ich wusste, dass ich die richtige Entscheidung getroffen hatte.

Gesundheit ist mehr als nur der Zustand unseres Körpers; sie beeinflusst unser tägliches Leben und unsere Fähigkeit, unsere Ziele zu erreichen und das Leben zu leben, das wir uns so sehr wünschen. Ich erinnere mich an eine Zeit in meinem Leben, als ich immer wieder in Erschöpfung verfiel, sowohl beruflich als auch privat. Die ständige Hektik, das Stressniveau und die falsche Ernährung und Alkohol hatten mich körperlich und geistig ausgelaugt. Es gab Tage, an denen ich mich selbst kaum aufrappeln konnte. Aber genau in dieser Phase begann ich zu verstehen, wie wichtig es ist, auf meinen Körper zu hören und ihn mit allem zu versorgen, was er braucht.

GESUNDES ESSEN – DIE KRAFT DER NAHRUNG

Ich fing an, meine Ernährung grundlegend zu ändern. Anstatt auf schnelle, ungesunde Snacks zurückzugreifen, entscheide ich mich jeden Tag aufs Neue für frisches Gemüse, Obst und Nahrungsmittel, die meinen Körper nähren und mich mit Energie versorgen. Mein Lieblingsfrühstück, das einen Wendepunkt bedeutete und inzwischen zu meiner täglichen Routine geworden ist: Ein Smoothie aus frischen Beeren, Spinat, Mandeln und einer Portion Chiasamen. Dieses Frühstück gibt mir nicht nur einen Energieschub, sondern ist auch jedes Mal ein kleiner Akt der Selbstfürsorge. Natürlich ist dieses Thema komplex und kann unendlich vertieft werden. Dafür gibt es viele tolle Experten! Ich möchte dich zum Anfangen und Forschen inspirieren.

SPORT ALS AUSGLEICH – BEWEGUNG FÜR KÖRPER UND GEIST

Es ist nie leicht, den inneren Schweinehund zu überwinden. Regelmäßige Bewegung ist für mich, für meine mentale Klarheit und körperliche Gesundheit extrem wichtig. Anfangs kann es auch nur ein Spaziergang am Morgen sein, so wie bei mir, später eine kurze Joggingrunde. Mit jeder Einheit fühlst du dich stärker und fokussierter. Körper und Geist arbeiten zusammen! Durch Bewegung baust du nicht nur Muskeln auf, sondern auch ein stärkeres Immunsystem. Jede Woche laufe ich zwei- bis dreimal, oft 10 Kilometer oder mehr. Am liebsten im Wald, wo ich frische Luft atmen, dabei meine Gedanken sortieren und mich für Neues inspirieren lassen kann. Wow – so kommen im Monat schnell 90 bis 100 Kilometer zusammen. Dazu trainiere ich täglich meine Körpermitte mit Dehnübungen und Bauchmuskeltraining, denn sie ist das Fundament der Kraft. Meine Liegestützzahl steigere ich kontinuierlich, bis ich konstant 100 am Stück schaffte. In einer Challenge habe ich sogar 1.350 Liegestütze in einer Stunde gemacht – verrückt, ja, wichtig, nein, aber machbar!

Ich erzähle dir das nicht, um anzugeben, sondern um dich zu motivieren: Dein Körper kann mehr, als du denkst. Fang heute an und sieh selbst, was möglich ist!

MEDITATION UND VISUALISIERUNG – DER WEG ZU INNERER BALANCE

Ich habe Meditation und Visualisierung als tägliche Praxis in mein Leben integriert. Es ist eine Zeit des Innehaltens, des bewussten Atmens und des Fokussierens auf das, was wirklich wichtig ist. In diesen ruhigen Momenten kann ich meine Ängste und Sorgen loslassen und Klarheit für meine nächsten Schritte gewinnen. Ich erinnere mich an einen Moment, als ich in einer Meditationssitzung in meiner Vorstellung einen Tag erlebte, an dem alles perfekt lief. Ja, ich fühle es tief in meinem Inneren und war so dankbar dafür. Dieser positive Fokus gab mir die Motivation, den Tag mit neuer Energie anzugehen.

DAS IMMUNSYSTEM STÄRKEN – EINE INVESTITION IN DIE ZUKUNFT

Ein besonders wichtiger Aspekt der Gesundheit ist der Aufbau eines starken Immunsystems. Ich habe angefangen, auf eine vitaminreiche Ernährung zu achten und gezielt Nahrungsergänzungsmittel wie Vitamin C und Vitamin B in meine Routine einzubauen.

Mein Freund, Dr. med. Helmut Münch, ein absoluter Experte und führender Forscher im Bereich Immunaufbau, gab mir einen wertvollen Tipp: Innovazym Plus. In dieser besonderen Packung stecken alle wichtigen Enzyme – und was soll ich sagen? Seit ich diese zu mir nehme und das seit circa fünf Jahren, war ich nicht mehr krank! Zufall? Wohl kaum!

Doch das ist bisher nicht alles. Vitamin D3 + K2 Liquid spielt eine entscheidende Rolle für unser Immunsystem. Normalerweise nehmen wir Vitamin D durch Sonnenlicht auf – aber mal ehrlich: Wer bekommt in unserem Alltag genug davon? Deshalb unterstütze ich meinen Körper gezielt mit dieser essenziellen Kombination.

Und dann gibt es noch die Behandlungen in der Schmerzpraxis meiner Frau, Dr. med. Susanne Plank. Sie setzt auf hochwirksame Vitamin-C-Infusionen und Ozon-Therapie, und ich lasse mir diese regelmäßig geben – weil ich es mir wert bin!

Denn eines ist klar: **Gesundheit ist der Grundstein für alles im Leben.**

Wenn du gesund bist, hast du viele Wünsche. Doch wenn du krank bist, hast du nur einen einzigen Wunsch: wieder gesund zu werden. Also, warum nicht jetzt in deine Gesundheit investieren?

EIN PAAR ABSCHLUSSGEDANKEN

Jeder Schritt, den ich in Richtung Gesundheit getätigt habe, hat mein Leben nachhaltig verändert. Es sind die kleinen Veränderungen, die in der Summe zu einem großen Unterschied führen. Ich möchte dich ermutigen, für dich selbst genauso zu sorgen.

Dein Körper ist das wichtigste Gut, das du hast. Investiere in deine Gesundheit und du wirst sehen, wie sich dies in allen Bereichen deines Lebens widerspiegelt.

Kapitel 10

VERKAUFEN – JEDER IST EIN VERKÄUFER

DAS MAGISCHE DREIECK IM VERKAUF

Der Konferenzraum war voller gespannter Blicke. Alle warteten auf den Auftritt des Vertriebsleiters, der die neueste Luxusuhren-Kollektion präsentieren sollte. Der Vorhang öffnete sich, und dann geschah etwas Unerwartetes: Ein Mann in ausgewaschenem T-Shirt, zerknitterter Jeans und abgelatschten Sneakers betrat die Bühne.

Er begann zu sprechen, seine Worte waren fachlich korrekt, seine Stimme fest. Doch etwas stimmte nicht. Die Zuhörer musterten ihn skeptisch. Einige verschränkten die Arme, andere schüttelten unmerklich den Kopf. Niemand hörte wirklich zu.

Warum? Weil das, was er sagte, nicht zu dem passte, was er ausstrahlte. Eine Luxusuhr steht für Eleganz, Präzision, Prestige – doch er wirkte, als hätte er gerade seine Garage aufgeräumt. Sein Erscheinungsbild war ein Widerspruch zu seinem Produkt. Das Vertrauen war gebrochen, noch bevor er überhaupt sein erstes Verkaufsargument vollendet hatte.

DER MOMENT DER WAHRHEIT

Genau hier wirkt das **Magische Dreieck des Verkaufs:**

> **Worte** – Was sage ich? Welche Sprache nutze ich? Passe ich meine Wortwahl an mein Produkt und meine Zielgruppe an

> **Erscheinungsbild** – Wie stehe ich da? Wie kleide ich mich? Strahle ich das aus, was ich verkaufen möchte?

> **Produkt/Dienstleistung** – Was biete ich an? Spiegelt mein gesamtes Auftreten den Wert meines Angebots wider?

Wenn nur eine dieser drei Säulen wackelt, verliert das gesamte Konstrukt seine Kraft. Die Botschaft verpufft. Der Kunde spürt die Unstimmigkeit – und zweifelt.

Stell dir vor, du betrittst einen exklusiven Autohandel für Luxus-Sportwagen. Der Verkäufer trägt einen perfekt sitzenden Anzug, spricht in einer klaren, selbstbewussten Sprache und bewegt sich mit der Eleganz eines Mannes, der genau weiß, was er tut. Du spürst sofort: **Er lebt das, was er verkauft.** Du vertraust ihm. Das Geschäft ist praktisch besiegelt.

Der Unterschied? **Stimmigkeit.**

Das magische Dreieck im Verkauf ist kein Konzept – es ist ein Naturgesetz. Wenn du es beherrschst, wirst du nicht mehr verkaufen müssen. Dein Auftritt, deine Worte und dein Produkt werden eins – und der Kunde wird kaufen, weil er dich als glaubwürdig, kompetent und vertrauenswürdig empfindet.

Denn in der Welt des Verkaufs gilt eine eiserne Regel: Menschen kaufen nicht das Produkt. Sondern Menschen kaufen von Menschen, die das Produkt oder die Dienstleistung präsentieren.

Verkaufen ist nicht nur etwas für Geschäftsleute, sondern eine Fähigkeit, die jeder von uns tagtäglich braucht – bewusst oder unbewusst. Es beginnt bereits in der Beziehung. Stell dir vor, du möchtest einen Partner oder eine Partnerin für dich gewinnen. Was tust du? Du präsentierst dich von deiner besten Seite, zeigst deine Stärken und versuchst, eine Verbindung zu schaffen. Genau das ist Verkaufen. Du „verkaufst" dich selbst.

Doch damit hört es nicht auf. Sobald die Beziehung beginnt, wirst du weiterhin zum Verkäufer. Du bemühst dich, die Partnerschaft lebendig und spannend zu halten, damit dein Partner oder deine Partnerin bei dir bleibt. Sei es durch Aufmerksamkeiten, Gespräche oder gemeinsame Erlebnisse – du „verkaufst" jeden Tag aufs Neue, dass es sich lohnt, an deiner Seite zu sein.

Das gleiche Prinzip gilt, wenn du Vater oder Mutter bist. Jeden Tag stehst du vor der Herausforderung, deinen Kindern „zu verkaufen", dass es wichtig ist, die Hausaufgaben zu machen, gesund zu essen oder rechtzeitig ins Bett zu gehen. Es geht nicht darum, etwas aufzuzwingen, sondern zu überzeugen – mit Geduld, Einfühlungsvermögen und den richtigen Argumenten. Nur so werden sie verstehen, dass deine Vorschläge zu ihrem Besten sind.

DER REALITY LOOP IM VERKAUF

Der Reality Loop ist ein Werkzeug, das dir hilft, deine Überzeugungskraft zu steigern. Er basiert auf einem einfachen, aber wirkungsvollen Kreislauf: **Glaube → Imagination → Verhalten → Ergebnis → Verstärkung des Glaubens.**

Ein einfaches Beispiel

Stell dir vor, du bist überzeugt, dass du nicht gut im Verkaufen bist. Dieser Glaube beeinflusst deine Imagination: Du stellst dir vor, wie du scheiterst, abgelehnt wirst oder ins Stottern gerätst. Diese Vorstellung wirkt sich auf dein Verhalten aus. Du trittst unsicher auf, vermeidest Augenkontakt und sprichst ohne Begeisterung. Das Ergebnis? Dein Gegenüber spürt deine Unsicherheit und sagt „Nein". Das wiederum bestätigt deinen Glauben, dass du nicht verkaufen kannst.

Jetzt drehen wir den Loop ins Positive: Du beginnst mit einem neuen Glauben: „Ich bin ein guter Verkäufer, weil ich Mehrwert biete." Mit diesem Glauben stellst du dir vor, wie dein Kunde begeistert ist, wie du ihn mit deinem Angebot überzeugst. Diese Imagination beeinflusst dein Verhalten: Du trittst selbstbewusst auf, sprichst mit Überzeugung und bist aufmerksam. Das Ergebnis? Dein Kunde spürt deine Begeisterung und sagt „Ja". Dieses positive Ergebnis verstärkt deinen Glauben weiter – und der Kreislauf beginnt von Neuem.

Emotionale Beispiele aus dem Alltag
Einmal kam ein Vater zu mir, der verzweifelt war. Sein Sohn wollte nie seine Hausaufgaben machen. Ich fragte ihn: „Was glaubst du über deinen Sohn?" Er antwortete: „Er ist faul und hört nicht auf mich." Genau das spiegelte sich in seinem Verhalten. Er wurde ungeduldig und kritisierte seinen Sohn ständig. Der Junge zog sich immer mehr zurück.
Wir arbeiteten gemeinsam an einem neuen Glauben: „Mein Sohn ist klug und will lernen, wenn ich ihn richtig motiviere." Der Vater begann, positive Bilder zu entwickeln: Wie sein Sohn stolz seine Aufgaben erledigt und Lob erhält. Er änderte sein Verhalten, sprach ermutigend und half geduldig bei den Aufgaben. Das Ergebnis war beeindruckend: Der Junge begann, sich mehr anzustrengen, und der Vater sah, dass seine neue Einstellung den Unterschied machte.

VERKAUFEN MIT FEINGEFÜHL

Verkaufen ist keine Manipulation, sondern eine Kunst, Menschen zu begeistern und von Mehrwert zu überzeugen. Es geht darum, die Bedürfnisse deines Gegenübers zu verstehen, dich in seine Welt hineinzuversetzen und ehrlich zu kommunizieren. Egal, ob du ein Produkt, eine Idee oder dich selbst „verkaufst" – mit dem Reality Loop kannst du alte Glaubenssätze durchbrechen und deine Überzeugungskraft auf ein neues Level heben.

Also, stell dir die Frage: Was möchte ich heute verkaufen? Und welchen Glauben brauche ich, um erfolgreich zu sein?

Ach ja, und noch eines – der perfekte Trick, um deine Ziele schneller zu erreichen: **Trenne deine Handlungen von deiner Stimmung!**

Für die meisten Menschen sind diese beiden unzertrennlich miteinander verbunden:
a) **Schlechte Laune** = unproduktiv
b) **Müde** = freier Tag
c) **Gefrustet** = „Mach ich morgen"

Doch genau das ist der Unterschied zwischen Durchschnitt und echtem Erfolg. **Als Unternehmer müssen wir lernen, unsere Stimmung von unseren Handlungen zu trennen.**

Ein Beispiel aus dem echten Leben
Stell dir einen Spitzensportler vor. Es ist der Tag des großen Finales. Doch am Morgen wacht er auf und fühlt sich schlapp. Vielleicht hat er schlecht geschlafen, vielleicht plagen ihn Sorgen. Soll er deshalb nicht

antreten? Natürlich nicht! **Er geht raus, gibt alles – und gewinnt.** Weil er weiß: **Seine Emotionen entscheiden nicht über seinen Erfolg – seine Disziplin tut es.**

Genauso ist es als Unternehmer. Wenn du deine Zukunft selbst bestimmen willst, dann darf dein Antrieb nicht von deiner aktuellen Stimmung abhängen.

Und jetzt kommt das Wichtigste: Handle – egal, wie du dich fühlst. Bringe dich jeden Morgen in einen idealen Zustand – voller Power, voller Energie! Steh auf, atme tief durch, bewege dich, lächle! Mach dich groß, fühl dich stark, und dann: Zeig dein Lächeln der Welt.

Wenn du morgens schon voller Energie brennst, wenn du von innen heraus strahlst – dann ziehst du Erfolg magnetisch an. Denn seien wir ehrlich: Wie willst du andere überzeugen, wenn du selbst nicht brennst?

Ein weiteres Beispiel: Der gelangweilte Autohändler
Stell dir vor, du gehst zu einem Autohändler. Er sitzt gelangweilt hinter dem Schreibtisch, spricht emotionslos über das Auto, zeigt kaum Interesse. Würdest du dieses Auto kaufen? Wahrscheinlich nicht.

Aber jetzt stell dir einen Verkäufer vor, der mit leuchtenden Augen erzählt, wie dieses Auto dein Leben verändern wird. Du spürst seine Begeisterung in jedem Wort. **Er reißt dich mit!** Du hörst ihm zu, du bist fasziniert – und plötzlich fühlst du dich, als wärst du schon hinter dem Steuer.

Das ist der Schlüssel zu echtem Erfolg! Trenne deine Stimmung von deinen Handlungen. Bringe dich jeden Morgen in einen kraftvollen Zustand – voller Energie, voller Leidenschaft, voller Freude! Denn wenn du selbst brennst, kannst du auch andere anzünden.

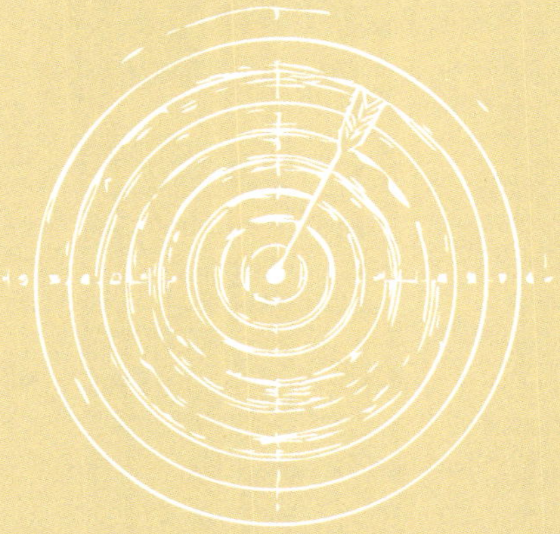

Kapitel 11

ZIELE

DAS LEBENSZIEL: DEIN NORDSTERN!

Dein Lebensziel ist das, was dich antreibt und dir langfristig Sinn gibt. Vielleicht willst du ein Leben voller Freiheit führen, ein erfülltes Familienleben haben oder einen bleibenden Eindruck in der Welt hinterlassen. Dieses übergeordnete Ziel gibt allen anderen Zielen eine Richtung. Doch wie setzt du das in die Praxis um? Es ist wichtig, dass du dir dein Lebensziel klar vor Augen führst und es in kleinere, konkrete Ziele unterteilst. So wird das Große greifbar und machbar.

Ziele sind der Motor unseres Lebens. Ohne sie fehlt uns die Richtung, der Fokus und letztendlich auch die Motivation, das Beste aus uns herauszuholen.

Wenn du keine klaren Ziele hast, lebst du wie ein Schiff ohne Kompass – du treibst einfach von einem Tag zum anderen, ohne zu wissen, wohin die Reise gehen soll. Das bedeutet, dass jeder Mensch ein übergeordnetes Lebensziel braucht, eine Art Nordstern, der uns führt. Dieses Lebensziel teilt sich in verschiedene Bereiche auf: berufliche Ziele, Gesundheitsziele, persönliche private Ziele, finanzielle Ziele, das Ziel eines Eigenheims, Familienziele und viele mehr.

DIE AUFTEILUNG DER ZIELE

1. Berufliche Ziele
Hast du ein klares Ziel vor Augen? Vielleicht möchtest du eine Gehaltserhöhung, dein eigenes Unternehmen aufbauen oder in deinem Bereich richtig gut werden. Ein konkretes Ziel könnte sein:

Ich möchte meinen Jahresumsatz von 200.000 € auf 300.000 € steigern.

Das klingt groß – aber wenn du es in kleine Schritte zerlegst, wird es machbar:

a. Halbjahresziel:
Du willst dein Ziel in einem Jahr erreichen? Dann solltest du nach sechs Monaten schon die Hälfte geschafft haben. Das heißt, du steigerst deinen Umsatz um **25 %**.

b. Monatsziel:
Teile dein Halbjahresziel durch 6 Monate. Überlege dir, wie du das erreichen kannst:
✓ Neue Kunden gewinnen
✓ Bestehende Kunden aktivieren

c. Wochenziel:
Rechne dein Jahresziel auf die Wochen runter. Frage dich: Was muss ich jede Woche tun, um mein Ziel zu erreichen? Vielleicht bedeutet das, X neue Anfragen zu generieren oder eine bestimmte Anzahl von Gesprächen zu führen.

d. Tagesziel:
Teile dein Jahresziel auf deine verfügbaren Arbeitstage auf. Wenn du dein Tagesziel erreichst, kannst du einen Haken setzen – du bist einen Schritt näher an deinem großen Ziel!

TIPP:

Schreibe dir jeden Tag auf, was du konkret tun wirst, um dein Tagesziel zu erreichen. So bleibst du fokussiert und kommst deinem Ziel Stück für Stück näher!

Indem du dein Jahresziel herunterbrichst, erscheint es nicht mehr so groß. Das Tägliche wird machbar. Und nun geschieht etwas Magisches: Du kommst ins Handeln. Dieses Handeln erzeugt eine Dynamik, die dich nicht nur dein Tagesziel erreichen lässt, sondern oft darüber hinaus. Experten nennen diesen Zustand den Flow.

Beispiel aus dem Leben
Ein Freund von mir wollte im ersten Jahr seiner Selbstständigkeit 100.000 Euro Umsatz erreichen. Dieses Ziel wirkte am Anfang unerreichbar. Doch als er es in kleinere Ziele herunterbrach, erschien es machbar: Täglich brauchte er nur zwei Abschlüsse im Wert von jeweils 200 Euro. Dieser Fokus half ihm nicht nur, sein Ziel zu erreichen, sondern er übertraf es sogar. Am Ende des Jahres hatte er 130.000 Euro umgesetzt.

2. Gesundheitliche Ziele
Gesundheit ist die Grundlage für alles. Dein Ziel könnte sein, fitter zu werden, ein bestimmtes Gewicht zu erreichen oder dich gesünder zu ernähren.

- Jahresziel: 10 kg abnehmen.
- Monatsziel: 1 kg abnehmen.
- Wochenziel: Drei gesunde Mahlzeiten pro Tag.
- Tagesziel: 30 Minuten Bewegung und ein Glas Wasser vor jeder Mahlzeit.

Beispiel: Ein Klient von mir wollte endlich seine gesundheitlichen Probleme angehen. Er begann mit einem einfachen Tagesziel: 10 Minuten Spazierengehen. Nach einem Jahr lief er seinen ersten Halbmarathon.

3. Persönliche, private Ziele
Vielleicht möchtest du mehr Zeit für deine Familie haben oder ein Hobby wieder aufleben lassen.

- Jahresziel: 50 Stunden mit der Familie verbringen.
- Monatsziel: Ein Wochenende komplett offline verbringen.
- Tagesziel: 30 Minuten Qualitätszeit mit den Kindern.

4. Finanzielles Ziel
Der Aufbau von finanzieller Sicherheit oder das Erreichen eines Sparziels sind essenziell.

- Jahresziel: 12.000 Euro sparen.
- Monatsziel: 1.000 Euro zur Seite legen.
- Tagesziel: Auf unnötige Ausgaben verzichten.
- Mach dir einen genauen Plan, was du alles dafür tun wirst, um dein Sparziel zu erreichen
- Aber mach dir auch bewusst und informiere dich wie du dein gespartes Gewinnbringend anlegen kannst

Das Geheimnis des Flow-Zustands
Wenn du ins Handeln, in die Aktion kommst, geschieht etwas Faszinierendes: Du verlierst das Gefühl von Anstrengung. Stattdessen erlebst du Freude und Leichtigkeit bei dem, was du tust. Der Flow-Zustand ist der Punkt, an dem du nicht nur deine Ziele erreichst, sondern sie übertriffst. Es fühlt sich nicht mehr wie Arbeit an, sondern wie eine natürliche Bewegung in Richtung deines Lebensziels.

ZUSAMMENFASSUNG – DEIN WEG ZUM ERFOLG

Das Geheimnis des Erfolgs liegt in der Klarheit deiner Ziele und der Disziplin, sie in kleine, erreichbare Schritte zu zerlegen. Ein großes Ziel mag unerreichbar erscheinen, aber durch die Aufteilung in Tagesziele wird es greifbar und machbar.

Erinnere dich: Jeder Tag zählt. Jede kleine Handlung bringt dich näher an dein Lebensziel. Und wenn du diesen Prozess mit Hingabe und Freude durchführst, wirst du nicht nur Erfolg haben, sondern ein Leben führen, das dich erfüllt und inspiriert.

Kapitel 12

ÜBUNGEN FÜR MOTIVATION UND MINDSET

MEDITATION: DIE WISSENSCHAFT HINTER DER RUHE

Meditation ist weit mehr als nur Stille. Wissenschaftlich belegt, kann schon eine kurze Meditation von 10 Minuten am Tag erstaunliche Veränderungen bewirken. Sie reduziert Stress, stärkt die Gesundheit, erhöht die Motivation und fördert positive Gefühle im Alltag. Diese kleine Investition in dich selbst hat eine große Wirkung: Dein Geist wird klarer, dein Fokus schärfer, und du wirst eine tiefe innere Ruhe spüren. Mach es dir zur Gewohnheit, einen Moment am Tag nur für dich zu haben, um den Lärm der Welt auszublenden und deine Kraftquellen zu aktivieren.

ÜBUNG 1: DEIN ERFOLGSTAGEBUCH

Nimm dir ein weißes Blatt Papier oder ein schönes Notizbuch zur Hand. Schreibe alles auf, was du in deinem Leben schon erreicht hast. Das können kleine oder große Dinge sein – alles, worauf du stolz bist. Beispiele könnten sein:

- Dein Schulabschluss
- Dein Motorradführerschein
- Deine Berufsausbildung
- Ein Projekt, das du erfolgreich abgeschlossen hast
- Herausforderungen, die du gemeistert hast

Allein das Schreiben wird dir Kraft geben. Du wirst erkennen, wie viel du schon erreicht hast, auch wenn du es vielleicht oft nicht wahrnimmst. Lies dir diese Liste immer wieder laut vor. Lass den Stolz über deine Erfolge durch deinen Körper fließen und stärke so dein Selbstbewusstsein. Jedes Wort, das du liest, ist ein Beweis für deine Fähigkeiten und deinen Willen.

ÜBUNG 2: DEINE PERSÖNLICHE LÖFFELLISTE

Eine Löffelliste ist eine Liste aller Dinge, die du erleben möchtest, bevor du „den Löffel abgibst". Träume groß und lass deiner Fantasie freien Lauf. Beispiele könnten sein:

- Eine Reise zu deinem Traumziel
- Das Erlernen eines neuen Hobbys oder einer Sprache
- Eine sportliche Herausforderung, wie ein Marathon
- Eine mutige Entscheidung, wie ein beruflicher Neustart

Diese Liste ist dein Lebensplan für Freude und Erlebnisse. Sie erinnert dich daran, was dir wirklich wichtig ist. Nimm dir regelmäßig Zeit, um Punkte abzuhaken und neue hinzuzufügen.

ÜBUNG 3: DEIN VISIONSBOARD – DEIN LEBEN IN BILDERN

Ein Visionsboard ist eine kraftvolle Methode, um deine Träume und Ziele zu visualisieren. Nimm einen großen DIN-A2-Karton und gestalte ihn so, dass er deine Wünsche und Ziele widerspiegelt. Gehe dabei wie folgt vor:

1. **Der Mittelpunkt:** Platziere ein Foto von dir und deiner Familie in der Mitte. Das bist du – der Kern deines Lebens.

2. **Links – Dein Business:** Hier platzierst du alles, was mit deinem beruflichen Erfolg zu tun hat. Klebe Bilder oder Überschriften, die deine Ziele symbolisieren, wie etwa:
   - Dein Traumjob
   - Projekte, die du umsetzen möchtest
   - Ein Bild von deinem Wunschgehalt (z. B. in Form eines großen Geldscheins)

3. **Rechts oben – Deine persönlichen Wünsche:** Das können Dinge sein wie:
   - Ein Traumurlaub
   - Eine neue Fertigkeit, die du erlernen möchtest
   - Dein Traumhaus oder ein anderer persönlicher Wunsch

4. **Rechts unten – Deine verrückten Ideen:** Hier ist Platz für alles, was „positiv verrückt" ist. Dinge, die dich zum Lächeln bringen, wie:
   - Ein Fallschirmsprung
   - Einmal einen Oldtimer fahren
   - Ein verrücktes Outfit tragen
   - Exklusiver Dinner
   - Privatjet fliegen
   - Malediven

5. **Die Headline:** Ganz oben schreibst du in großen Buchstaben deine persönliche Headline, zum Beispiel „Mein Leben in Liebe, Harmonie, Gesundheit und Erfolg".

Hänge dein Visionsboard an einen Ort, an dem du es täglich siehst. Dein Unterbewusstsein wird die Bilder aufnehmen und aktiv daran arbeiten, diese Ziele zu erreichen. Jedes Mal, wenn du dein Visionsboard betrachtest, fühl dich motiviert und voller Tatendrang.

DEIN WEG ZU EINEM ERFÜLLTEN LEBEN

Mit diesen Übungen schaffst du eine starke Grundlage für Motivation und ein positives Mindset. Es sind einfache, aber kraftvolle Schritte, die dir helfen, deine Träume zu verwirklichen und deine Ziele zu erreichen.

Sei stolz auf dich und deinen Weg. Du bist der Architekt deines Lebens – mit diesen Werkzeugen baust du ein Fundament, das unerschütterlich ist.

Kapitel 13

HYPNOSE – DER GAMECHANGER

(UNTER)BEWUSST

Das Bewusstsein und das Unterbewusstsein arbeiten wie zwei Partner in deinem Kopf, aber jeder hat seine eigene Aufgabe.

Das Bewusstsein ist wie ein Denker und Planer. Es ist der Teil von dir, der bewusst Entscheidungen trifft, logisch denkt und Probleme löst. Zum Beispiel, wenn du überlegst, was du zum Abendessen kochen willst oder wie du ein Problem auf der Arbeit löst – das ist dein Bewusstsein am Werk. Alex nennt das Bewusstsein den Reiter auf dem Elefanten.

Das Unterbewusstsein ist der stille, fleißige Arbeiter, der im Hintergrund alles steuert, was du nicht bewusst machen musst. Es hält deinen Herzschlag aufrecht, lässt dich atmen – sogar im Schlaf – und sorgt dafür, dass dein Blut durch deinen Körper fließt. Es speichert auch all deine Gewohnheiten, Gefühle und Erfahrungen, die dich beeinflussen, ohne dass du es bemerkst. Alex nennt das Unterbewusstsein den Elefanten in dir, der einfach seines Weges dahin trottet ...

Das Spannende am Unterbewusstsein ist, dass es in viele „Teile" aufgeteilt ist. Jeder Teil hat eine spezielle Aufgabe:

- Ein Teil kümmert sich um deine Gesundheit und sorgt dafür, dass du dich selbst heilen kannst.
- Ein anderer Teil ist für deinen Erfolg verantwortlich, indem er dich motiviert, deine Ziele zu verfolgen.
- Andere Teile steuern Dinge wie deine Ängste, deine Beziehungen oder dein Selbstvertrauen.

Egal, wie ein Teil in deinem Unterbewusstsein arbeitet, es gibt immer eine **positive Absicht** dahinter. Auch wenn du dir etwas abgewöhnen möchtest, wie zum Beispiel eine schlechte Angewohnheit, versucht dein Unterbewusstsein eigentlich, dir zu helfen – es hat nur einen Weg gewählt, der nicht mehr so gut für dich passt. Wenn du diese Teile verstehst und mit ihnen arbeitest, kannst du sie umprogrammieren und dein Leben in die Richtung lenken, die du willst.

Hypnose ist wie eine entspannte Reise zu deinem Unterbewusstsein, einem Ort, an dem viele deiner Gedanken, Glaubenssätze und Erfahrungen gespeichert sind. Es ist ein Zustand tiefer Entspannung, der es dir ermöglicht, auf deine inneren Ressourcen zuzugreifen und Veränderungen in deinem Leben vorzunehmen – Veränderungen, die du vielleicht schon lange wolltest, aber nie ganz erreicht hast.

Stell dir vor, du sitzt in einem bequemen Sessel, deine Augen sind leicht geschlossen und du lässt deinen Körper einfach zur Ruhe kommen. Dein Atem wird tiefer, langsamer. Es ist wie ein entspannender Zustand kurz vor dem Einschlafen, nur dass du dabei vollkommen wach und präsent bist. Alles, was in dem Moment passiert, bestimmst du mit deinem Unterbewusstsein. Weil du ein starkes Unterbewusstsein hasst.

BEISPIEL 1: DIE ÜBERWINDUNG VON ÄNGSTEN

Vielleicht hast du Angst vor bestimmten Dingen – wie Fliegen, öffentlichen Reden oder sogar vor Spinnen. Diese Ängste können uns lähmen und verhindern, dass wir das Leben in vollen Zügen genießen. Durch Hypnose können wir in unser Unterbewusstsein eintauchen, die Ursachen der Angst erkennen und sie auflösen.

Ein Teilnehmer, der jahrelang Flugangst hatte, kam zu einer Sitzung. Bereits nach der ersten Hypnose konnte er ohne Panik in ein Flugzeug steigen. Die Veränderung war nicht nur in seinem Verhalten sichtbar, sondern auch in seiner inneren Ruhe. Er hatte das Gefühl, wieder die Kontrolle zu haben.

DIE MAGISCHE BEGEGNUNG AM FLUGHAFEN

Ich saß am Flughafen und beobachtete die Menschen um mich herum. Reisende, die voller Vorfreude auf ihre Abenteuer waren, andere, die in Gedanken versunken auf ihren Flug warteten. Mein Blick fiel auf eine ältere Dame, die auf einem der blauen Sitze saß. Ihre Hände umklammerten fest ihre Handtasche, ihr Blick wanderte nervös von den Anzeigetafeln zum Gate und wieder zurück. Ich konnte sehen, wie ihre Brust sich schwer hob und senkte, als würde sie mit sich selbst kämpfen.

Ich zögerte einen Moment, dann stand ich auf und ging zu ihr. „Geht es Ihnen gut?“, fragte ich sanft. Sie zuckte leicht zusammen, als hätte ich sie aus einem tiefen Gedanken gerissen. Ihre Augen, voller Unsicherheit und Angst, trafen meine.

„Ich …“, begann sie und schüttelte dann den Kopf. „Ich fliege heute zum ersten Mal in meinem Leben.“ Ihre Stimme bebte. „Mein Mann und ich haben immer davon geträumt, zu reisen. Wir haben es uns so oft vorgenommen, aber wir haben es nie getan.“ Sie schluckte schwer. „Vor zwei Monaten ist er gestorben. Und ich habe mir geschworen, es für uns beide zu tun.“ Sie presste die Lippen aufeinander, kämpfte gegen die Tränen. „Aber ich habe solche Angst vor dem Fliegen …“

Ihre Worte trafen mich mitten ins Herz. Ich konnte den Schmerz in ihren Augen sehen, die verlorenen Träume, die Sehnsucht, die nie erfüllt wurde. Ich lächelte sie sanft an und legte meine Hand auf ihre.

„Dann lassen Sie uns diesen Flug zu etwas Besonderem machen.“

Sie schaute mich überrascht an, als könnte sie nicht glauben, dass jemand sich um sie kümmerte. Ich atmete tief durch und fragte vorsichtig: „Haben Sie jemals etwas von Hypnose gehört?“

Sie runzelte die Stirn. „Ja, aber ich weiß nicht …“, sagte sie zögerlich.

„Ich bin ausgebildeter Hypnotiseur und habe schon vielen Menschen geholfen, ihre Flugangst zu überwinden“, erklärte ich. „Wenn Sie mir vertrauen, dann können wir es zusammen machen.“

Sie sah mich lange an, als würde sie nach einer Antwort in meinem Gesicht suchen. Dann atmete sie tief durch, und mit einem leichten, zitternden Nicken sagte sie: „Okay … Ich vertraue Ihnen.“

Wir fanden eine ruhige Ecke in der Lounge. Ihr Blick war voller Zweifel, aber auch voller Hoffnung. Langsam begannen wir die Hypnose. Ihre Atmung wurde ruhiger, ihr Körper entspannte sich. Ich sah, wie die Anspannung aus ihrem Gesicht wich, wie ihre Schultern sanken, wie ein tiefer zufriedener Seufzer über sie kam …

Als sie die Augen wieder öffnete, sah sie mich an. Ihre Augen waren anders. Weicher. Ruhiger.

Wir lachten. Wir redeten. Sie erzählte mir von ihrem Mann, von all den Orten, die sie gemeinsam bereisen wollten.

Zum ersten Mal an diesem Tag schien sie nicht von Angst umklammert zu sein, sondern von etwas anderem – von Mut, von Neugierde, von der leisen Vorfreude auf das, was kommen würde.

Dann war es so weit. Die Durchsage für ihren Flug ertönte. Sie stand auf, sah auf das Gate und atmete tief durch.

„Ich bin bereit“, sagte sie leise. Ein sanftes Lächeln lag auf ihren Lippen. Kein Zittern mehr in ihrer Stimme. Keine Panik in ihren Augen. Nur Entschlossenheit.

Ich begleitete sie zum Einstieg. Noch einmal drehte sie sich um, ihre Augen glänzten voller Emotionen. Ohne zu zögern, trat sie einen Schritt auf mich zu und nahm mich in eine feste, warme Umarmung. Ich spürte, wie sie zitterte – aber dieses Mal war es kein Zittern der Angst, sondern eines der Erleichterung.

„Danke“, flüsterte sie. „Danke, dass Sie mir geholfen haben, endlich zu leben.“

Tränen standen in meinen Augen, als ich sie losließ. Ich sah ihr nach, wie sie ins Flugzeug stieg – nicht mehr als die ängstliche Frau, die ich vorhin kennengelernt hatte, sondern als eine Frau, die sich ihrer Angst stellt und bereit ist, die Welt zu entdecken.

Als ich wenig später selbst in mein Flugzeug stieg, fühlte ich mich erfüllt von Glück.

Manchmal braucht es nur eine Begegnung, ein paar Worte und den richtigen Moment, um ein Leben zu verändern.

Sind dies nicht diese besonderen Momente in unserem Leben, für die es sich lohnt zu leben?

BEISPIEL 2: DIE KONTROLLE ÜBER DAS ESSVERHALTEN

Viele Menschen kämpfen mit ungesunden Essgewohnheiten oder haben Schwierigkeiten, abzunehmen. Hypnose hilft hier, das Essverhalten zu verändern, indem sie die zugrunde liegenden emotionalen Muster anspricht.

Ein Beispiel aus der Praxis
Eine Frau hatte immer wieder den Drang, aus Stress heraus zu naschen. Nach nur einer Sitzungen der Hypnose konnte sie erkennen, dass es nicht der Hunger war, sondern die Emotionen, die sie zum Essen trieben. Sie fand andere Wege, mit Stress umzugehen, und fühlte sich dabei freier und gesünder.

BEISPIEL 3: MEHR SELBSTVERTRAUEN UND ERFOLG

Manchmal fühlen wir uns in bestimmten Situationen unsicher, sei es in einer Verhandlung oder beim öffentlichen Sprechen. Hypnose kann helfen, das Selbstvertrauen zu stärken und Blockaden zu lösen, die uns davon abhalten, unser wahres Potenzial zu entfalten.

Ein Kunde, der immer wieder Schwierigkeiten hatte, sich selbst zu verkaufen und seine Fähigkeiten anzuerkennen, erlebte durch Hypnose eine wunderbare Veränderung. Nach einer Sitzungen stand er plötzlich sicher vor Kunden, sprach mit Überzeugung und konnte endlich das Geschäft erfolgreich abschließen.

BEISPIEL 4: SCHMERZLINDERUNG UND HEILUNG

Ein weiteres starkes Beispiel für die Wirksamkeit von Hypnose ist die Schmerzlinderung. Manche Menschen leiden unter chronischen Schmerzen, und trotz medizinischer Behandlung scheint der Schmerz immer wieder zurückzukehren. Hier kann Hypnose eine erstaunliche Hilfe sein.

Ein Patient, der nach einem schweren Unfall jahrelang unter Schmerzen im Rücken litt, erlebte durch Hypnose eine deutliche Verbesserung. Mit gezielten Suggestionen konnte er die Schmerzen mindern und die Heilung fördern – ohne die Notwendigkeit von Schmerzmitteln.

WARUM FUNKTIONIERT DAS?

Hypnose funktioniert, weil unser Unterbewusstsein einen unglaublichen Einfluss auf unsere Gedanken, Gefühle und unser Verhalten hat.

Es speichert alles, was wir erlebt haben – alle Erfahrungen, positiven und negativen. Oftmals hindern uns diese gespeicherten Muster daran, unser bestes Leben zu führen. Durch Hypnose können wir diese Muster bewusst verändern und das Leben mit mehr Leichtigkeit und Erfolg gestalten.

Es geht darum, Zugang zu den ungenutzten Ressourcen in dir zu bekommen und die Veränderung von innen heraus zu initiieren. Und das Schöne daran ist: Jeder kann das lernen! Hypnose ist kein magischer Trick – es ist eine wertvolle Technik, die du nutzen kannst, um dein Leben auf die nächste Stufe zu heben.

DIE VERÄNDERUNG BEGINNT MIT DEM ERSTEN SCHRITT

Vielleicht hast du auch schon Dinge in deinem Leben, die du verändern möchtest – Ängste, die dich bremsen, Gewohnheiten, die dich nicht weiterbringen, oder einfach das Gefühl, mehr aus dir herausholen zu können. Hypnose kann der Schlüssel sein, der dir hilft, diese Veränderungen zu erreichen.

Was möchtest du verändern? Welche Blockaden hindern dich daran, dein volles Potenzial zu entfalten? Hypnose öffnet dir die Tür zu deinem Unterbewusstsein und ermöglicht es dir, ein Leben voller Möglichkeiten zu führen – das Leben, das du verdienst.

Denke daran: Der Weg zur Veränderung ist ein Prozess, der mit jedem Schritt leichter wird. Und genau hier beginnt deine Reise – mit Hypnose. Aber das Wichtigste ist deine Bereitschaft!!

Vor Jahren begann ich, meine Fähigkeiten auszubauen – mit dem tiefen Wunsch, Menschen nicht nur mit Worten, sondern mit echten Taten zu berühren. Ich wollte einen Werkzeugkoffer voller Möglichkeiten haben, um Zweifel zu lösen, Träume greifbar zu machen und Menschen in ihr glückliches, erfülltes Leben zu begleiten.

Heute blicke ich mit tiefer Dankbarkeit zurück – besonders auf die grandiosen Ausbildungen in Hypnose und NLP bei Alexander Hartmann. Er hat mir gezeigt, wie ich mit NLP und dem Reality Loop meine Realität (und nun auch die anderer) verändern kann.

Danke für eine Reise, die nicht nur meine Sichtweise auf das Leben verändert hat, sondern auch die vieler Menschen, denen ich helfen darf.

Es ist pure Magie! Wenn ich sehe, wie ein Mensch mit diesen Werkzeugen wächst, sich entfaltet und seinen eigenen Weg voller Kraft und Klarheit geht, dann läuft mir Gänsehaut über den ganzen Körper. Es erfüllt mich mit Demut und Dankbarkeit, Teil dieses Wandels zu sein.

Doch Alexander ist weit mehr als ein grandioser Ausbilder. Er spiegelt dir auf eine ganz besondere Art wider, wie einzigartig und besonders Menschen sein können. Er zeigt, was in uns steckt – wenn wir es wagen, hinzusehen, zu fühlen und unser volles Potenzial zu entfalten.

Ich bin unendlich dankbar für die Ausbildung zum Hypnose Coach bei Alexander Hartmann, die mir die Fähigkeit gab, Mitmenschen zu unterstützen und sie neben mir wachsen zu sehen. Mehr Infos zu Alexander Hartmann findest du hier: www.alexanderhartmann.de

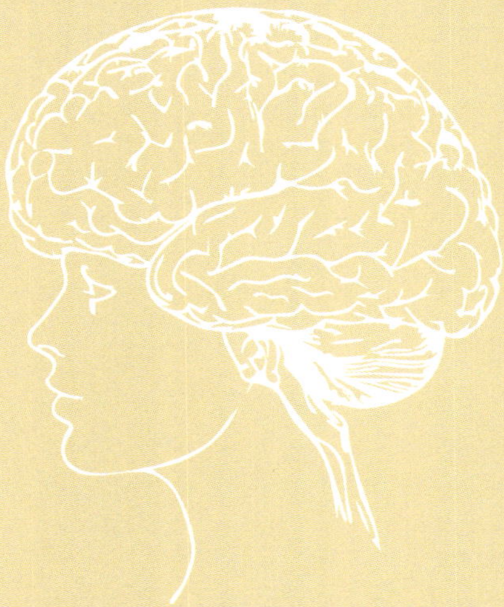

Kapitel 14

NLP MIT DEM REALITY LOOP

WAS IST DER REALITY LOOP?

Der Reality Loop ist ein kraftvolles Werkzeug im NLP, das wie ein magischer Kreis funktioniert, der unsere Gedanken, Gefühle und Handlungen miteinander verbindet. Er hilft uns zu verstehen, wie wir die Welt um uns herum durch unsere eigenen inneren Prozesse gestalten – und wie wir diese Prozesse steuern können, um Veränderungen in unserem Leben zu bewirken.

Der Reality Loop basiert auf der Idee, dass unsere Wahrnehmung der Welt nicht objektiv ist. Sie wird durch unsere inneren Glaubenssätze, Erfahrungen und Erwartungen gefiltert. Unser Gehirn reagiert auf diese inneren Filter und beeinflusst, wie wir die Welt sehen. Dein Gehirn kann nicht unterscheiden, ob es wahr ist oder nicht. Diese Wahrnehmung führt dann zu Gefühlen, die wiederum unsere Handlungen beeinflussen und diese wiederum unsere Wahrnehmung ändern – und so entsteht der Loop.

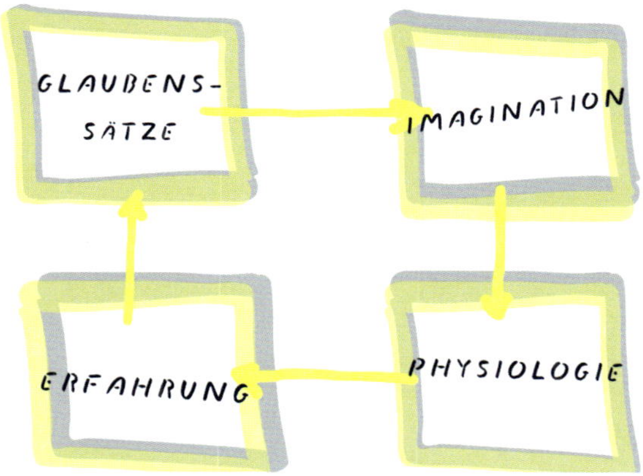

DER ABLAUF DES REALITY LOOP

1. **Wahrnehmung (Was du siehst, hörst und fühlst)**: Du nimmst die Welt durch deine Sinne wahr – was du siehst, hörst, riechst, schmeckst und fühlst. Diese Wahrnehmung ist nicht objektiv, sondern wird durch deine eigenen inneren Filter wie Glaubenssätze, Werte und Erfahrungen beeinflusst.

2. **Gefühle (Was du fühlst):** Deine Wahrnehmung erzeugt Gefühle. Wenn du beispielsweise etwas siehst, das dich an eine unangenehme Erinnerung erinnert, wirst du dich möglicherweise ängstlich oder nervös fühlen. Diese Gefühle beeinflussen dann dein weiteres Verhalten.

3. **Handlungen (Was du tust):** Deine Gefühle und Wahrnehmungen beeinflussen, wie du dich verhältst. Wenn du dich ängstlich fühlst, könnte das dazu führen, dass du dich zurückziehst oder vermeidest, was wiederum die Wahrnehmung bestätigt, dass die Welt gefährlich ist.

4. Ergebnisse (Was du bekommst): Dein Verhalten führt zu bestimmten Ergebnissen. Diese Ergebnisse bestätigen und verstärken wiederum deine Wahrnehmung und die Gefühle, die du darüber hast.

DER MAGISCHE ASPEKT DES REALITY LOOP

Der Reality Loop wirkt auf einer tieferen Ebene, fast magisch, weil er nicht nur die Gegenwart beeinflusst, sondern auch die Zukunft. Hier sind einige Beispiele aus dem Alltag, um die Kraft dieses Loops zu verdeutlichen

Beispiel 1: Im Berufsleben
Stell dir vor, du hast das Gefühl, dass du im Beruf nie genug Anerkennung bekommst. Du nimmst an, dass dein Chef dich nicht wirklich schätzt, und dieses Gefühl wird durch deine Wahrnehmung verstärkt. Du siehst vielleicht nur die negativen Rückmeldungen, ignorierst jedoch die positiven. Diese Wahrnehmung führt dazu, dass du dich demotiviert fühlst, was deine Leistung beeinflusst. Deine Leistungen sind dann möglicherweise nicht mehr so gut, was deinen Chef dazu bringt, dich noch weniger zu loben. So verstärkt sich der Loop.

Aber hier kommt die Magie: Wenn du beginnst, deine Wahrnehmung zu ändern – zum Beispiel, indem du bewusst nach positiven Rückmeldungen suchst und deine eigenen Erfolge anerkennst – wirst du feststellen, dass sich deine Gefühle ändern. Du fühlst dich wertgeschätzt, dein Verhalten wird positiver und deine Ergebnisse verbessern sich. Der Reality Loop funktioniert also auch in die andere Richtung: durch bewusste Veränderung der Wahrnehmung und der inneren Einstellung kannst du den gesamten Kreis positiv beeinflussen.

Beispiel 2: In Beziehungen
In Beziehungen ist der Reality Loop besonders kraftvoll. Stell dir vor, du hast das Gefühl, dass dein Partner dich nicht genug liebt. Diese Wahrnehmung beeinflusst deine Gefühle, und du fühlst dich verletzt oder unsicher. Du beginnst, mehr auf die Kleinigkeiten zu achten, die diese Unsicherheit bestätigen – vielleicht vermeidet dein Partner manchmal Augenkontakt oder hört nicht richtig zu. Diese Wahrnehmung führt zu Handlungen, wie dass du dich mehr zurückziehst oder weniger Zuneigung zeigst. Dein Partner könnte sich dann auch zurückziehen, was deine Unsicherheit weiter verstärkt. Der Loop hat sich also im negativen Sinne geschlossen.

Doch auch hier kommt die Magie: Wenn du beginnst, deine Wahrnehmung zu verändern, zum Beispiel durch aktives Erkennen von positiven Aspekten in der Beziehung (wie kleine Gesten der Liebe oder Zuneigung), wirst du feststellen, dass deine Gefühle sich wandeln. Du fühlst dich sicherer und geliebter, was dein Verhalten verändert – du wirst mehr Zuneigung zeigen und mehr Nähe suchen, was wiederum auch dein Partner spüren wird. Der Reality Loop schließt sich in positiver Weise.

Beispiel 3: Im Alltag (Selbstwahrnehmung)
Ein weiteres Beispiel könnte dein Selbstbild betreffen. Wenn du glaubst, dass du nicht gut genug bist, beeinflusst das deine Wahrnehmung: Du siehst dich vielleicht nicht als erfolgreich oder fähig. Diese negative Wahrnehmung führt zu Gefühlen der Unzulänglichkeit und kann dein Verhalten lähmen. Du vermeidest neue Herausforderungen und verpasst Chancen, was wiederum deine Wahrnehmung bestätigt.

Doch auch hier kann der Reality Loop magische Veränderungen bewirken. Wenn du beginnst, dich bewusst als fähig und erfolgreich zu sehen, deine Erfolge anzuerkennen und dich zu loben, wird sich deine Wahrnehmung ändern. Du fühlst dich sicherer und wirst neue Herausforderungen annehmen, was wiederum deine Wahrnehmung positiv beeinflusst. Die Bestätigung deiner Stärken verstärkt den positiven Loop.

DER REALITY LOOP ALS WERKZEUG

Der Reality Loop ist immer in Bewegung und passiert ständig in deinem Leben – er ist wie ein unsichtbarer Faden, der alles miteinander verbindet. Der Schlüssel liegt darin, zu erkennen, dass du diesen Loop beeinflussen kannst. Du kannst die Wahrnehmung ändern, indem du dir bewusst machst, wie deine inneren Filter die Welt formen, und dadurch kannst du die Gefühle und Handlungen steuern, die zu den Ergebnissen führen, die du dir wünschst.

Der Reality Loop zeigt uns, wie magisch unser Leben sein kann, wenn wir uns der Verbindung zwischen unseren Wahrnehmungen, Gefühlen und Handlungen bewusst werden. Wenn wir diesen Loop aktiv beeinflussen, können wir unser Leben auf wundervolle Weise gestalten und in die Richtung lenken, die uns erfüllt und glücklich macht.

Kapitel 15

WIR HABEN ZWEI LEBEN …

... DAS ZWEITE BEGINNT, WENN WIR CHECKEN, DASS WIR NUR EIN LEBEN HABEN!

Es gibt einen Moment im Leben, der alles verändert. Es ist der Moment, in dem du realisierst, dass du nur ein Leben hast – und, dass dieses Leben ganz allein in deiner Hand liegt. Es sind nicht der Staat, die Politik, dein Chef, nicht deine Familie, nicht deine Freunde, die über dein Glück bestimmen. Es bist allein du. Dieser Gedanke kann befreiend sein, aber auch einschüchternd. Doch in dieser Wahrheit liegt die unglaubliche Kraft, dein Leben so zu gestalten, wie du es dir wirklich wünschst.

Die meisten Menschen leben wie Arbeitsbienen – gefangen in einem System, das sie antreibt, aber nie erfüllt. Sie folgen den Erwartungen anderer, passen sich an, bleiben dort, wo es bequem und sicher ist. Doch was ist der Preis dafür? Sie geben ihre Träume auf, ihre Leidenschaften, ihre Freiheit. Warum? Weil es einfacher ist. Weil sie Angst vor Veränderung haben. Weil sie glauben, dass sie keine Wahl haben. Aber ...

Du hast eine Wahl. Immer. Jeden Tag. Jede Minute.

Du kannst dich entscheiden, aufzustehen und dein Leben selbst in die Hand zu nehmen. Du kannst aufhören, nach der Meinung anderer zu leben, und endlich dein eigenes Ding machen. Ja, es wird Widerstand geben. Ja, Menschen werden versuchen, dich zurückzuhalten. Sie werden sagen, dass du unrealistisch bist, dass du scheitern wirst. Aber diese Menschen handeln nicht aus Bösartigkeit. Sie handeln aus Unwissenheit. Sie wollen dich dort halten, wo du bist, weil es für sie einfacher ist. Aber das ist nicht dein Leben. Das ist nicht dein Weg.

Vertraue deinem Bauchgefühl. Es gibt dir oft die Antworten, nach denen dein Verstand noch sucht. Und mache nichts, was du nicht verstehst. Du musst nicht jedem folgen. Sei kritisch. Hinterfrage. Vertraue dir selbst mehr als den Stimmen um dich herum. Denn du bist derjenige, der die Konsequenzen deiner Entscheidungen trägt – also stelle sicher, dass sie wirklich deine Entscheidungen sind.

Entscheidungen zu treffen, macht dich beinahe unsterblich. Nicht, weil du unfehlbar bist, sondern weil du dich jederzeit neu erfinden kannst. Wenn du feststellst, dass eine Entscheidung falsch war, dann korrigiere sie. Es ist nicht das Ende der Welt. Es ist ein neuer Anfang. Jede Entscheidung, auch die falsche, bringt dich einen Schritt näher an das Leben, das du dir wünschst. Du bist nie in Stein gemeißelt. Du kannst immer wieder neu beginnen, solange du atmest.

Stell dir vor, wie dein Leben aussehen könnte, wenn du dich nicht länger von Angst leiten lässt. Stell dir vor, du würdest deinem Herzen folgen, deinen Träumen nachjagen, deine eigene Wahrheit leben. Das ist kein

Luxus. Das ist dein Geburtsrecht. Du hast die Macht, deine Realität zu gestalten. Alles beginnt mit einer Entscheidung.

Heute könnte der Tag sein, an dem du beschließt, aus deinem bisherigen Leben auszubrechen.

Der Tag, an dem du beginnst, deinen eigenen Weg zu gehen. Der Tag, an dem du aufhörst, ein Zuschauer deines Lebens zu sein, und stattdessen der Regisseur wirst. Das Leben wartet auf dich. Es liegt an dir, ob du den ersten Schritt machst.

Mach dein Ding. Egal, was andere sagen.

Egal, wie viele Zweifel du in dir trägst. Glaub an dich. Die Welt braucht keine weiteren Arbeitsbienen. Sie braucht Menschen wie dich, die mutig genug sind, ihre Träume zu leben. Dein Leben beginnt in dem Moment, in dem du erkennst, dass du nur eines hast – und dass es wertvoller ist als alles andere.

Es war deine Entscheidung, ob du dieses Buch jemals in der Hand hältst – entweder durch ein Geschenk, weil du dir immer in deinen Gedanken vorgestellt hast: „Ich brauche etwas, was mir Mut und Glauben vermittelt, um mein Ding durchzuziehen!" Oder du hast es dir selbst gekauft, weil dich dein Unterbewusstsein, deine Gedanken, dazu unterstützt haben.

**Nichts kommt und passiert zufällig in deinem Leben.
Alles hat seinen tieferen Sinn.**

Kapitel 16

UNABHÄNGIG UND FINANZIELL FREI

WAS BEDEUTET DAS?

Was bedeutet es, unabhängig und finanziell frei zu sein? Es bedeutet, für sich selbst sorgen zu können, ohne ständig auf die Unterstützung oder Zustimmung anderer angewiesen zu sein. Und ja, als Eltern ist es unsere Aufgabe, unsere Kinder zu unterstützen. Aber genau darum geht es hier nicht.

Von Generation zu Generation wird uns vermittelt, dass Eltern ihren Kindern ein Erbe hinterlassen sollten. Doch warum eigentlich? Ist es nicht so, dass sich die Eltern dieses Vermögen hart erarbeitet haben, durch ihre eigenen Lebensentscheidungen und ihren eigenen Einsatz? Warum sollten sie sich verpflichtet fühlen, dieses Vermögen einfach weiterzugeben?

Du hast dein eigenes Leben. Du hast die Verantwortung, dieses Leben nach deinen Vorstellungen zu gestalten. Wenn du Kapitel 15 aufmerksam gelesen hast, dann weißt du, warum das so wichtig ist. Du bist der Schmied deines eigenen Glücks. Also nimm das Zepter in die Hand und mache etwas daraus.

Ich beobachte so viele Familien, und oft sehe ich das gleiche Muster: Nur ein Elternteil verdient gut, während der andere finanziell abhängig ist. Diese Dynamik führt zwangsläufig zu einem Ungleichgewicht. In solchen Situationen müssen ständig Fragen gestellt werden: „Können wir uns das leisten?“, „Darf ich mir diese Hose kaufen?“, „Ist dieser Urlaub möglich?“. Stell dir vor, wie zermürbend es sein muss, immer auf die Zustimmung eines anderen angewiesen zu sein.

Ich behaupte, dass noch immer ein großer Anteil der Ehen in Deutschland nur wegen finanzieller Abhängigkeit weiter bestehen. Viele Menschen würden sich gerne verändern, aber die Angst vor den finanziellen Konsequenzen hält sie zurück. Und was bleibt dann? Ein Leben, das nicht das eigene ist. Eine Ehe, die von Frust, Unzufriedenheit und Distanz geprägt ist. Intimität und Nähe verschwinden, und der Alltag wird zu einem endlosen Kreislauf der Resignation und nicht der Liebe, nach der wir uns sehnen.

Das muss nicht dein Leben sein.

Egal, in welcher Situation du dich gerade befindest: Halte deinen Kopf oben. Schau dir deine Realität an, akzeptiere sie – aber lass dich davon nicht lähmen. Du bist derjenige, der die Richtung vorgibt. Blättere zurück, lies die Worte in Kapitel 15 noch einmal, und lass sie auf dich wirken. Diese Zeilen tragen die Kraft in sich, dein Leben zu verändern.

Es ist schwer, Verantwortung für sich selbst zu übernehmen, aber es ist der einzige Weg, wirklich frei zu sein – emotional und finanziell. Hör auf, das Leben eines anderen zu leben. Es ist dein Leben, und es liegt in deiner Hand. Wage den Schritt. Stell dir vor, was möglich ist, wenn du unabhängig bist. Du wirst sehen: Es werden Wunder geschehen.

Kapitel 17

MENSCHLICHE NÄHE – BEDÜRFNISSE UND WÜNSCHE

WAS STECKT HINTER UNSEREN SEHNSÜCHTEN?

Dieses Kapitel behandelt eines der wichtigsten und spannendsten Themen, die ich mit dir teilen möchte. Es geht um menschliche Nähe, unsere tiefsten Bedürfnisse und die Freiheit, unsere sexuellen Wünsche zu leben. Warum? Weil genau hier oft das Leben, die Verbindung zu uns selbst und die Lust beginnen – und doch gleichzeitig so viele Menschen davor zurückschrecken.

Wie oft bewerten wir etwas, ohne es wirklich erlebt zu haben? Wie oft lassen wir uns von gesellschaftlichen Normen oder Vorurteilen leiten? In diesem Kapitel möchte ich dich dazu einladen, dich selbst zu hinterfragen und vor allem: einfach zu probieren. Denn erst, wenn wir Dinge ausprobieren, können wir wirklich sagen, ob sie uns begeistern oder nicht.

Die meisten Menschen trauen sich nicht, offen zu ihren Neigungen, Gefühlen oder Gelüsten zu stehen. Sie fühlen sich gefangen in gesellschaftlichen Erwartungen oder in ihrer eigenen Angst vor Ablehnung. Doch unsere Bedürfnisse und Wünsche sind Teil dessen, wer wir sind. Sie machen uns menschlich.

Ein gutes Beispiel dafür ist das Buch *Fifty Shades of Grey* von E. L. James (Goldmann Verlag, 2012). Es hat allein in Deutschland mehr als 10 Millionen Exemplare verkauft und weltweit die Grenze von 100 Millionen überschritten. Dazu kamen Filme, Diskussionen, Tabubrüche. Doch wenn man mit Menschen darüber spricht, winken viele ab: „Ach, das ist doch Quatsch." Wirklich? Wenn es so ein großer „Quatsch" ist, warum hat es dann so viele Herzen und Fantasien berührt?

Was ich dir damit sagen will, ist: **Stehe zu deinen Sehnsüchten und Gefühlen.** Es ist nicht immer leicht, aber es lohnt sich. Es gibt eine enorme Freiheit und Kraft darin, sich selbst zu erlauben, die Dinge zu erforschen, die uns reizen, uns bewegen oder uns einfach neugierig machen.

DIE KUNST DES AUSPROBIERENS

Das Leben hat so viele Facetten. Manche entdecken wir erst, wenn wir mutig genug sind, sie zu erleben. Vielleicht erkennst du dabei, dass etwas nicht dein Fall ist. Das ist okay. Aber vielleicht öffnet sich eine Welt, die dir tiefe Freude, Verbundenheit oder Erkenntnisse schenkt. Wie willst du es wissen, wenn du es nicht probierst?

Sexualität ist einer der Bereiche, in denen wir uns oft selbst Grenzen setzen. Vielleicht, weil wir Angst haben, was andere denken könnten. Vielleicht, weil wir selbst nicht wissen, was uns anzieht. Hier kommt die Neugier ins Spiel. Sei neugierig auf dich selbst und auf das, was sie für dich zu bieten hat.

Lebe. Liebe. Lache.

Am Ende geht es um genau das: zu leben, zu lieben und zu lachen. Zu leben heißt, sich selbst zu erfahren und das Leben voll auszukosten. Zu lieben heißt, sich selbst und andere zu akzeptieren, wie sie sind. Zu lachen heißt, das Leben nicht immer so ernst zu nehmen und die Leichtigkeit zu umarmen.

Ich möchte dich ermutigen, deine Sehnsüchte zu erkunden und deine Wünsche nicht zu verstecken. Du bist einzigartig und das Leben ist zu kurz, um nicht zu dir selbst zu stehen. Finde heraus, was dich wirklich begeistert – und dann lebe es.

Gib dir die Erlaubnis, neugierig zu sein, zu fühlen, zu probieren und zu genießen. Es ist dein Leben, deine Reise. Und du verdienst es, sie in all ihren Dimensionen und Farben zu (er)leben.

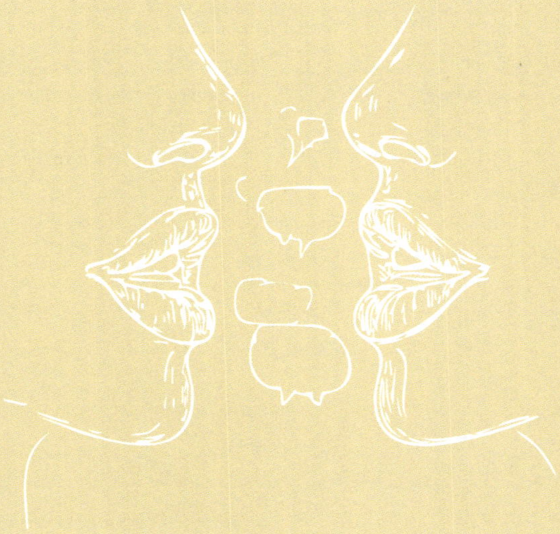

Kapitel 18

KOMMUNIKATION, DER HERZSCHLAG JEDER BEZIEHUNG

WAHRNEHMEN, AKTIV HINHÖREN UND WERTSCHÄTZEN

Miteinander reden ist wichtig – sei es im beruflichen Kontext, innerhalb Familie oder mit Freunden. Doch wie oft reden wir aneinander vorbei, weil wir nicht wirklich hinhören oder unser Gegenüber sich nicht wahrgenommen fühlt? Dieses Kapitel widmet sich der Kunst, Gespräche bewusst zu führen, aktiv zuzuhören und dabei echte Wertschätzung zu vermitteln.

DIE MAGIE DES WAHRNEHMENS

Eine Kollegin, die in einem Meeting ihren Vorschlag einbringt. Ein Kind, das stolz seine Zeichnung zeigt. Ein Freund, der am Telefon von seinem Tag erzählt. All diese Momente fordern uns auf, nicht nur zum Hinhören, sondern wirklich wahrzunehmen.

Ein Beispiel aus dem Alltag
Ein Vater sitzt mit seinem Sohn am Abendbrottisch. Der Junge erzählt aufgeregt von einem Fußballspiel in der Pause. Der Vater, müde von der Arbeit, nickt abwesend, schaut jedoch auf sein Handy. Der Junge wird still und senkt den Blick auf seinen Teller. In diesem Moment geht es nicht nur um Worte, sondern um das Gefühl, nicht gesehen zu werden. Wahrnehmen bedeutet, die Gedanken und Gefühle hinter den Worten zu erfassen – das erfordert Aufmerksamkeit.

AKTIV HINHÖREN – EIN GESCHENK DER ZEIT

Aktives hinhören ist mehr als das bloße abwarten, bis man selbst sprechen kann. Es ist das bewusste Entscheiden, voll und ganz präsent zu sein. Dazu gehört es, Blickkontakt zu halten, offene Körpersprache zu zeigen und mit Gesten oder kurzen Rückmeldungen wie „Ja, ich verstehe" oder „Erzähl mir mehr" Interesse zu signalisieren.

Ein Beispiel aus dem Beruflichen
Eine Teamleiterin hört ihrem Mitarbeiter zu, der von einem Problem in der Produktion berichtet. Sie lässt ihn ausreden, nickt zwischendurch, stellt klärende Fragen und wiederholt: „Habe ich Sie richtig verstanden, dass die Maschinen zu oft ausfallen?" Dieses Nachfragen zeigt nicht nur Engagement, sondern hilft auch, Missverständnisse zu vermeiden.

WERTSCHÄTZUNG AUSDRÜCKEN – EIN SCHLÜSSEL ZU HERZEN

Wertschätzung bedeutet, dem Gegenüber das Gefühl zu geben, dass er oder sie wichtig ist. Oft reichen kleine Gesten oder Worte, um diese Botschaft zu vermitteln. Ein ehrliches Kompliment, ein „Danke, dass du dir die Zeit genommen hast" oder ein „Ich schätze deine Meinung sehr" bewirken Wunder.

Ein Beispiel aus dem Freundeskreis
Ein Freund schildert eine schwierige Situation bei der Arbeit. Anstatt sofort Ratschläge zu geben, sagt seine Freundin: „Ich finde es bewundernswert, wie geduldig du mit solchen Herausforderungen umgehst. Das zeigt, wie stark du bist." In diesem Moment fühlt sich der Freund verstanden und gestärkt.

ÜBUNGEN FÜR DEN ALLTAG

1. **Das Minuten-Gespräch:** Vereinbare mit einem Partner, dass einer eine Minute lang redet, während der andere hinhört – ohne zu unterbrechen. Danach wechseln die Rollen. Diese Übung trainiert aktives hinhören.

2. **Das Wahrnehmungstagebuch:** Notiere jeden Abend drei Momente, in denen du jemandem eine ungeteilte Aufmerksamkeit geschenkt hast. Wie hat sich das für dich und den anderen angefühlt?

3. **Die Kompliment-Challenge:** Machen es dir zur Gewohnheit, jeden Tag mindestens einer Person ein ehrliches Kompliment zu machen. Beobachte, wie sich die Dynamik in der Kommunikation verändert.

WARUM DAS ALLES?

Die Art, wie wir miteinander reden, formt unsere Beziehungen. Wenn wir lernen, aufmerksam wahrzunehmen, aktiv hinzuhören und echte Wertschätzung zu zeigen, schaffen wir Verbindungen, die tragen – im Alltag, im Beruf und im Herzen. Kommunikation ist keine Einbahnstraße, sondern ein Tanz, der uns einander näherbringt. Und denke daran:

Manchmal reicht es, einfach da zu sein, die Stille auszuhalten und dem anderen das Gefühl zu geben, dass er gehört wird. Denn genau das ist es, was uns als Menschen verbindet.

Kapitel 19

GEFÜHLE

DAS URBEDÜRFNIS DES MENSCHSEINS

Gefühle können uns schützen, wenn wir Angst haben. Sie können uns zu Gestaltern unseres Lebens werden lassen, wenn wir über innere Ruhe und Selbstvertrauen verfügen. Oder sie können uns zur Qual werden, wenn wir von Selbstzweifeln und Sorgen geplagt werden. Doch eines bleibt immer bestehen: Die Bedeutung des Gefühls als Urbedürfnis unseres Menschseins.

Für mich bedeutet das – in Anlehnung an ein bekanntes Bibelwort –: Am Anfang unseres Menschseins stehen nicht nur Worte, sondern auch unsere Gefühle, insbesondere die Liebe. Liebe ist das erste Gefühl, das wir mit unserem Eintritt in das Leben kennenlernen. Sie ist das Urgefühl, die Quelle für viele andere Emotionen. Liebe kann in Mitgefühl, Freundschaft und Geborgenheit erblühen, aber auch in Enttäuschung und Hass schmerzen.

Als Kinder besitzen wir ein ganz natürliches Verhältnis zu unseren Gefühlen. Wir empfinden ungeschminkt, ohne Vorbehalte, ohne Masken. Doch mit zunehmender Lebenserfahrung entfremden wir uns Schritt für Schritt von dieser Ursprünglichkeit. Wir lernen, unsere Gefühle zu kontrollieren, sie zu verbergen, und manchmal verlieren wir dabei den Zugang zu ihnen. In der Hektik des Alltags, inmitten von Erwartungen und Anforderungen, übersehen wir die immense Kraft, die in unseren Gefühlen liegt.

Unsere größte Kraftquelle im Leben ist unser Lebenssinn. Wenn wir verstehen, warum wir tun, was wir tun, werden wir stark und zufrieden.

Dieser Lebenssinn gibt uns eine innere Ausrichtung, eine Klarheit, die uns in schwierigen Zeiten stützt. Doch um ihn zu finden, müssen wir bereit sein, uns unseren Gefühlen zu stellen. Wir müssen die Angst zulassen, das Glück feiern, den Schmerz akzeptieren und die Liebe annehmen.

Gefühle sind unser inneres Navigationssystem. Sie zeigen uns, was uns guttut und was uns schadet. Sie warnen uns vor Gefahren, treiben uns zu neuen Höhenflügen an und verbinden uns mit anderen Menschen. Wenn wir lernen, ihnen zuzuhören und sie als Wegweiser zu nutzen, finden wir zu einem erfüllten Leben.

Liebe – dieses erste und tiefste Gefühl – bleibt der Anker in unserem stürmischen Dasein. Es ist die Brücke, die uns mit anderen verbindet, und der Ursprung unserer Menschlichkeit. Sie fordert uns heraus, über uns hinauszuwachsen, uns zu öffnen und Verletzlichkeit zuzulassen. Gleichzeitig ist sie die Quelle unserer größten Stärke.

Wenn wir den Mut aufbringen, unsere Gefühle anzunehmen, können wir uns selbst neu entdecken. Wir finden Zugang zu einer Welt voller Tiefe, Bedeutung und Authentizität. In dieser Welt finden wir schließlich uns selbst – nicht als perfekte Wesen, sondern als Menschen, die durch ihre Gefühle wahrhaftig lebendig sind.

Kapitel 20

DIE VERÄNDERUNG

WENN DU MIT DEM RÜCKEN ZUR WAND STEHST

Veränderung geschieht oft nicht, weil wir es wollen, sondern weil wir es müssen. Sie tritt ein, wenn der Schmerz so groß wird, dass wir keine andere Wahl haben, als zu handeln. Dies möchte ich mit einer Geschichte veranschaulichen, die mir einst erzählt wurde und die mich tief bewegt hat.

Ein Wanderer ging auf einem endlos erscheinenden Pfad durch die Wildnis. Die Sonne war bereits tief am Himmel, und er suchte nach einem Ort, um sich auszuruhen. Schließlich erblickte er ein altes Haus am Rande einer Lichtung. Es wirkte einladend, mit einer Veranda, auf der ein alter Mann in einem Schaukelstuhl saß. Neben ihm lag ein Hund, der leise und klagend jaulte.

Der Wanderer näherte sich und begrüßte den alten Mann freundlich. Nach einem kurzen Gespräch über das Wetter und die Schönheit der Umgebung fragte er den alten Mann: „Entschuldigen Sie, warum jault Ihr Hund so?"

Der alte Mann lächelte nachdenklich, nahm einen Schluck aus seiner dampfenden Tasse und antwortete: „Ach, er liegt auf einem Nagel."

Der Wanderer runzelte die Stirn, verwirrt von der Antwort. „Auf einem Nagel? Warum steht er nicht einfach auf und legt sich woanders hin? Es scheint hier doch genug Platz zu geben."

Der alte Mann zuckte mit den Schultern, blickte den Hund an und sagte: „Weil der Nagel ihn nicht tief genug sticht. Er spürt den Schmerz, aber nicht stark genug, um etwas zu ändern. Solange der Schmerz erträglich bleibt, wird er weiter jaulen, aber nicht aufstehen."

Die Worte des alten Mannes wirkten nach. Der Wanderer nickte langsam und setzte sich zu ihm auf die Veranda. Gemeinsam blickten sie auf die untergehende Sonne, während der Hund weiter leise klagte.

Diese Geschichte trägt eine tiefere Wahrheit in sich. Wie oft im Leben bleiben wir in Situationen, die uns nicht glücklich machen, nur weil der Schmerz nicht groß genug ist, um uns zum Handeln zu zwingen? Wir klagen, wir beschweren uns, aber wir bewegen uns nicht. Wir verharren auf unserem „Nagel", sei es ein unbefriedigender Job, eine belastende Beziehung oder die Vernachlässigung unserer Gesundheit.

EIN SEHR PERSÖNLICHES BEISPIEL AUS MEINEM EIGENEN LEBEN

Ich erinnere mich an einen Moment in meinem eigenen Leben, in dem ich „mit dem Rücken zur Wand" stand. Alles fühlte sich an wie ein stiller Kampf gegen mich selbst. Die Verantwortung wog schwer, die Erschöpfung war allgegenwärtig, und doch hielt ich an einem Alltag fest, der mich mehr lähmte als erfüllte. Es war erst der Punkt, an dem der Schmerz unerträglich wurde, der mich zum Umdenken zwang. Dieser Moment war mein Nagel, der tief genug stach, um mich endlich aufstehen zu lassen.

Es war keine einfache Reise.

Veränderung ist selten bequem. Sie erfordert Mut, Disziplin und die Bereitschaft, alte Muster zu durchbrechen. Aber genau darin liegt die Magie. Denn wenn wir handeln, wenn wir uns endlich aufrichten, verwandelt sich der Schmerz in Antrieb und der Antrieb wird zu Wachstum.

Heute weiß ich, dass wir die Kraft haben, uns selbst aus jeder Situation zu befreien. Der Nagel muss nicht tief genug stechen, bevor wir handeln. Doch wenn er es tut, dann sollten wir uns daran erinnern: Es ist nie zu spät, aufzustehen und unser Leben zu verändern.

Welche „Nägel" gibt es in deinem Leben? Was hält dich zurück? Und was wäre, wenn du heute entscheiden würdest, aufzustehen?

Kapitel 21

DREI FRAGEN, DIE ALLES VERÄNDERN

STELL DIR DIESE FRAGEN IMMER WIEDER!

Manchmal sind es nicht die großen Dinge im Leben, die alles entscheiden, sondern drei einfache Fragen. Drei Fragen, die über Erfolg oder Misserfolg bestimmen. Drei Fragen, die dein Leben verändern können – wenn du sie dir immer wieder stellst.

1. Worauf lenke ich meinen Fokus?

Das Leben gibt uns immer beides: Das Gute und das Schlechte. Die Frage ist: Worauf konzentrierst du dich?

Stell dir vor, du hast einen schlechten Tag. Du stehst morgens auf, stößt dir den Zeh am Bettpfosten, verschüttest deinen Kaffee und auf dem Weg zur Arbeit gibt es einen Stau. Jetzt hast du zwei Möglichkeiten:

a) Du fokussierst dich auf das, was schiefgelaufen ist: „Was für ein Scheißtag! Alles geht schief. Das kann ja nur noch schlimmer werden."

b) Oder du siehst es anders: „Okay, nicht ideal, aber hey – mein Zeh ist nicht gebrochen. Ich kann mir unterwegs einen neuen Kaffee holen. Und der Stau? Vielleicht genau die Chance, ein inspirierendes Hörbuch zu hören oder ein paar Minuten durchzuatmen."

Dein Fokus entscheidet, wie du dich fühlst. Und das Gefühl entscheidet, wie dein Tag verläuft.

2. Wie bewerte ich es?

Alles, was passiert, hat keine Bedeutung – bis du ihm eine gibst. Das Leben passiert nicht gegen dich, es passiert **für dich**.

Angenommen, du verlierst deinen Job. Die meisten Menschen denken: „Katastrophe! Mein Leben ist vorbei!" Aber was, wenn es genau die Chance ist, endlich das zu tun, was du schon immer wolltest?

Die erfolgreichsten Menschen der Welt sehen Hindernisse als Wachstumschancen. Sie fragen sich nicht: „Warum passiert das mir?", sondern: **„Was kann ich daraus lernen?"**

Beispiel: Ein guter Freund von mir wurde von heute auf morgen gekündigt. Erst war er am Boden zerstört. Doch dann entschied er sich, seinen eigenen Weg zu gehen. Heute ist er erfolgreicher als je zuvor – und sagt selbst: „Das war das Beste, was mir je passiert ist."

Die Frage ist also: Bewertest du es als Problem oder als Sprungbrett?

3. Was mache ich damit?

Deine Bewertung bestimmt dein Handeln. Wenn du glaubst, dass eine Situation eine unüberwindbare Hürde ist, wirst du resignieren. Aber wenn du sie als Chance siehst, wirst du ins Handeln kommen.

Erinnerst du dich an eine Situation, in der du dachtest: „Ich kann das nicht" – und es dann doch geschafft hast? Vielleicht das erste Mal Fahrrad fahren, schwimmen oder eine Rede halten. Erst war die Angst da. Doch du hast es getan – und es hat funktioniert!

Also: Wie reagierst du? Lässt du dich unterkriegen oder machst du das Beste daraus?

DIE MACHT DER IMAGINATION

Deine Gedanken erschaffen deine Realität. Was du dir vorstellst, wird irgendwann Wirklichkeit.

Wenn du immer nur an Probleme denkst, wirst du sie überall sehen. Doch wenn du dir vorstellst, dass du jede Herausforderung meistern kannst, wirst du Lösungen finden.

Ein einfaches Beispiel
Stell dir vor, du stehst auf einer Bühne und hältst eine Rede. Du kannst dir ausmalen, wie du stotterst, schwitzt und versagst – und genau das wird passieren. Oder du stellst dir vor, wie du ruhig und selbstbewusst sprichst, wie die Menschen dir zuhören und begeistert sind. Dein Körper folgt deinen Gedanken.

Das Geheimnis ist: Stell dir vor, dass du es kannst – und dein Gehirn wird Wege finden, es möglich zu machen.

DREI FRAGEN FÜR (D)EIN NEUES LEBEN

1. **Worauf lenke ich meinen Fokus?** Auf das Problem oder die Lösung?
2. **Wie bewerte ich es?** Als riesige Hürde oder als Chance zu wachsen?
3. **Was mache ich damit?** Resignieren oder handeln?

Diese drei Fragen verändern alles! Jeden Tag treffen wir unzählige Entscheidungen. Doch diese drei Fragen geben uns die Kontrolle zurück. Sie helfen dir, dein Leben bewusst zu gestalten – anstatt nur darauf zu reagieren.

Also: Stell sie dir – jeden Tag

Kapitel 22

DIE ZEIT LÄUFT

SCHNELLIGKEIT IST TRUMPF!

Wenn du die Dinge, die du dir vornimmst, diszipliniert planst und sofort umsetzt, stellt sich der Erfolg von allein ein. Doch die meisten Menschen unterschätzen, wie schnell die Zeit vergeht. Ein Tag vergeht wie im Flug, eine Woche rast an uns vorbei, ein Monat fühlt sich an wie ein Wimpernschlag – und ehe wir uns versehen, ist ein halbes Jahr vergangen. Dann ein ganzes Jahr. Und was ist mit unseren Vorsätzen passiert? Wir nehmen uns so viel vor – für den Tag, die Woche, den Monat, das Jahr. Und doch bleibt so vieles liegen.

Was sind deine Zeitfresser? Die kleinen, unscheinbaren Ablenkungen, die uns unbemerkt vom Wesentlichen abhalten? Das Scrollen auf dem Handy, ziellose Gespräche, ständiges Multitasking, Perfektionismus oder einfach die Unentschlossenheit, den ersten Schritt zu tun? Jeder kennt dieses nagende Gefühl: „Ich wollte doch eigentlich …“, doch dann ist der Tag vorbei, die Woche um, der Monat verstrichen – und wieder einmal hat man nicht das erreicht, was man sich vorgenommen hatte.

Am Abend sitzt du da und fragst dich: „Wo ist der Tag geblieben?“ Am Ende der Woche kommt das Gefühl: „Ich wollte doch so viel schaffen.“ Und zum Jahreswechsel schaust du zurück und denkst: „Verdammt! Wieder ein Jahr vorbei und ich bin nicht da, wo ich sein wollte.“

Aber weißt du was? Es ist nie zu spät, das Steuer herumzureißen. Du hast jeden Tag die Möglichkeit, neu zu beginnen. Egal, wie viel Zeit du bereits verloren hast – das Einzige, was zählt, ist, was du JETZT daraus machst. Lass nicht zu, dass dein Leben an dir vorbeizieht, während du noch überlegst, wann der richtige Zeitpunkt ist. Denn der perfekte Moment ist immer JETZT.

So verlaufen viele Leben – wie lebendig begraben. Mit 30 gestorben, mit 80 zum Grabe getragen. Das Leben zieht an ihnen vorbei, ohne dass sie es wirklich in die Hand nehmen. Und das nur, weil sie nicht verstanden haben, dass Zeit nicht verhandelbar ist. Du kannst Geld verlieren und wieder verdienen. Du kannst Materielles verlieren und ersetzen. Aber Zeit? Die ist unwiederbringlich.

Wenn du jetzt nicht handelst, wirst du dich immer wieder in diesem Kreislauf aus Aufschieben und Bedauern wiederfinden. Also frage dich: Willst du das wirklich? Oder entscheidest du dich JETZT, deine Zeit bewusst zu nutzen?

Die erfolgreichsten Menschen dieser Welt haben eines gemeinsam: Sie setzen ihre Pläne sofort um. Ohne Wenn und Aber. Ohne Ausreden. Sie wissen, dass das Zögern der größte Feind des Fortschritts ist. Zeit ist das Einzige, was du niemals zurückbekommen kannst. Jeder Tag ist eine Chance, die du entweder nutzt oder verstreichen lässt.

Stell dir vor, du hältst ein Maßband in der Hand – 100 Zentimeter lang, symbolisch für 100 Jahre Leben.

Wenn du keines zur Verfügung hast, dann besorg oder bastle dir eines! Jetzt reißt du auf der einen Seite genau die Zentimeter ab, die deinem aktuellen Alter entsprechen. Spürst du es? Die Zeit, die bereits vergangen ist. Dann nimmst du das andere Ende und entfernst die Zentimeter bis zur durchschnittlichen Lebenserwartung – etwa 80 Jahre für einen Mann oder eine Frau. Und jetzt schau auf das, was dazwischen übrigbleibt, ab deinem jetzigen Alter bis zur Lebenserwartung.
Das ist deine Zeit. Dein Leben. Der Teil, der noch vor dir liegt.

Doch statt dich von Tag zu Tag zu hetzen, Dinge zu tun, die dir keine Freude bringen, dreh das Maßband um. Schreibe darauf, was du noch erleben willst, was dir wirklich wichtig ist, welche Ziele du hast. Denn ab heute wirst du deine Lebenszeit anders sehen – als das wertvollste Gut, das du hast. Und jetzt leg das Maßband genau dorthin, wo du es jeden Tag siehst! Damit du dich immer daran erinnerst, dass deine Zeit kostbar ist und du sie bewusst nutzen solltest.

Also, worauf wartest du? Ergreife deine Chancen, nimm dein Leben in die Hand und mach den ersten Schritt – jetzt! Die Zeit läuft – und sie wartet auf niemanden. Nutze sie. Setze deine Pläne jetzt um. Sofort. Dein Leben gehört dir. Mach etwas daraus!

Dein Leben beginnt jetzt!

Kapitel 23

IDEEN

DER ERSTE FUNKE DEINES ERFOLGS

Jeder große Erfolg beginnt mit einer Idee. Ein Gedanke, der plötzlich in deinem Kopf aufblitzt wie ein leuchtender Stern in der Nacht. Stell dir vor, du sitzt an einem ruhigen Ort, vielleicht in deinem Lieblingscafé oder bei einem Spaziergang im Wald. Plötzlich hast du diesen Geistesblitz: „Das ist es! Das will ich tun!"

Die Idee ist wie ein Samenkorn. Doch ein Samen allein reicht nicht aus – er braucht Wasser, Licht und Nährstoffe, um zu wachsen. Genauso braucht deine Idee deine volle Aufmerksamkeit, dein Vertrauen und deinen Glauben daran.

Eine Empfehlung von mir: Egal, was dir so einfällt, wie du dein Leben immer wieder verbessern kannst, notiere es dir sofort– sonst gleiten dir die Ideen wie ein glitschiger Fisch aus den Händen und gehen verloren.

EIN GEDANKEN-SPIEL

Stell dir vor, du möchtest ein eigenes Geschäft aufbauen. Am Anfang scheint alles noch weit entfernt, fast unrealistisch. Doch sobald du es in deinem Kopf siehst – dein eigenes Geschäft mit Kunden, die dir dankbar sind – beginnt die Magie. Dein Geist öffnet sich für Möglichkeiten, und aus einem bloßen Gedanken wird ein Bild.

Das Bild – Du siehst es vor dir.

Dein Gedanke nimmt Formen an. Du kannst es dir plötzlich vorstellen. Dein Ziel, dein Traum, deine Vision. Je klarer dein Bild ist, desto realer wird es für dein Unterbewusstsein. Dein Gehirn beginnt, daran zu glauben, weil es zwischen Vorstellung und Realität kaum unterscheiden kann.

Ein Beispiel
Du möchtest abnehmen und sportlicher werden. Anstatt zu sagen: „Ich will 10 Kilo verlieren", stellst du dir genau vor, wie du in den Spiegel schaust und stolz dein neues Ich siehst. Du siehst dich voller Energie, in deinem Lieblingsoutfit, fühlst dich stark und gesund. Dieses Bild motiviert dich mehr als jede Zahl auf der Waage!

DAS GEFÜHL – JETZT WIRD ES REAL

Jetzt passiert das Entscheidende: Du spürst es in dir. Es ist nicht mehr nur ein Gedanke, sondern eine innere Wahrheit. Dein Körper reagiert darauf. Dein Herz schlägt schneller, deine Hände werden warm, du bekommst eine Gänsehaut, weil du weißt: DAS ist dein Weg!

Ein Beispiel
Du willst ein eigenes Café eröffnen. Du stellst dir nicht nur vor, wie es aussieht – du fühlst den Duft von frisch gebrühtem Kaffee, hörst das leise Klirren der Tassen, spürst die Freude, wenn Kunden zufrieden sind. Dieses Gefühl gibt dir Kraft, auch wenn Zweifel kommen.

DIE ERFAHRUNG – DU LEBST ES ZUM ERSTEN MAL

Jetzt tust du es! Du machst deine ersten Schritte. Und auch wenn es am Anfang ungewohnt oder schwer ist – du bleibst dran. Jede kleine Erfahrung bringt dich weiter.

Ein Beispiel für wachsendes Selbstvertrauen
Du hast dich entschieden, als Redner aufzutreten. Beim ersten Mal bist du nervös, deine Hände zittern. Doch nach den ersten Sätzen merkst du: „Hey, ich kann das! Die Leute hören mir zu!" Und mit jeder neuen Rede wächst dein Selbstvertrauen.

NICHTS KANN DICH MEHR AUFHALTEN

Das ist ab sofort dein dominanter Glaubenssatz! Jetzt hast du es tief in dir verankert: „Ich kann alles, was ich mir vornehme, erfolgreich erreichen!" Dieser Satz wird zu deiner Wahrheit. Niemand kann dich mehr aufhalten, weil du weißt, dass es funktioniert.

Beispiel: Denke an ein kleines Kind, das Laufen lernt. Es fällt oft hin, doch es steht immer wieder auf. Warum? Weil es glaubt: „Ich kann laufen lernen!" Es zweifelt nicht, es macht einfach weiter – bis es klappt. Genauso musst du denken!

Manchmal beginnt die beste Idee damit, dass man eine schlechte Entwicklung verhindern will. Es gibt so viele Menschen da draußen, die brillante Ideen haben. Ideen, die die Welt verändern könnten. Ideen, die das eigene Leben verbessern würden. Und doch bleiben die meisten dieser Ideen verborgen. Sie tauchen auf, leuchten kurz auf wie eine Sternschnuppe – und verschwinden wieder im Dunkel des Vergessens.

Warum? Weil sie nicht notiert werden. Oder schlimmer noch, sie werden notiert und dann in eine Schublade gelegt, in der sie verstauben. Vielleicht wird die Schublade irgendwann geöffnet – nicht aus Neugier, sondern weil das Chaos überhandgenommen hat und wieder einmal aufgeräumt werden muss. Dann sieht man sie wieder, diese alten Gedanken, diese Inspirationen. Doch anstatt sie mit neuem Leben zu füllen, landen sie oft im Müll. Ohne große Emotion. Einfach weg. Und mit ihnen geht das ungenutzte Potenzial verloren, das sie einst in sich trugen.

Ich bin mir sicher, dass auf diese Weise unglaublich viele großartige Ideen einfach so verschwinden. Und die Zeit vergeht. Die Jahre ziehen vorbei. Irgendwann, vielleicht durch einen Impuls, eine Begegnung, ein Erlebnis, fällt dir wieder etwas ein. Etwas, das dir bekannt vorkommt. Du erinnerst dich daran, dass du diese Idee schon einmal hattest. Aber jetzt? Jetzt redest du dir ein, dass es zu spät ist. Dass du den richtigen Moment verpasst hast. Dass du zu alt bist. Dass die Welt sich weitergedreht hat, ohne dass du sie genutzt hast. Doch ich sage dir:

Es ist nie zu spät! Egal, wie alt du bist. Egal, in welcher Situation du dich gerade befindest. Fang an! Deine Ideen verdienen es, verwirklicht zu werden. Du kannst alles schaffen, wenn du den Mut hast, es zu versuchen.

Jede große Erfindung, jede bahnbrechende Veränderung, jeder große Erfolg begann mit einer Idee. Nicht jede Idee ist sofort umsetzbar. Manche brauchen Zeit. Manche müssen reifen. Aber keine einzige sollte einfach weggeworfen oder vergessen werden. Schreibe sie auf. Sammle sie. Überlege dir, wie du sie umsetzen kannst. Es wird nie der perfekte Moment kommen. Der perfekte Moment ist jetzt!

Was, wenn Thomas Edison gesagt hätte: „Ach, es gibt doch schon genug Lichtquellen. Warum soll ich eine Glühbirne entwickeln?" Was, wenn die Gebrüder Wright geglaubt hätten, dass der Mensch niemals fliegen könnte? Was, wenn Steve Jobs seine Ideen für verrückt gehalten und nie umgesetzt hätte?

Jeder von uns hat Ideen. Manche sind klein, manche groß. Manche betreffen nur uns selbst, andere könnten die Welt verändern. Aber alle haben eins gemeinsam: Sie brauchen jemanden, der an sie glaubt. Und dieser Jemand bist du.

Lass nicht zu, dass deine Ideen in einer Schublade sterben. Öffne sie. Hole sie heraus. Sieh sie dir an. Und dann: Tu etwas! Setze sie um, Schritt für Schritt. Und wenn du zweifelst, wenn du dich fragst, ob es sich lohnt – erinnere dich daran: Die wertvollsten Dinge in dieser Welt begannen mit einer einfachen Idee. Deine könnte die nächste sein.

Kapitel 24

ERFOLG = MUT, MINDSET, DISZIPLIN UND TUN

HEUTE IST ES SOWEIT!

Die Sonne stand tief am Horizont, als Lukas sich mit klopfendem Herzen vor die schwere Holztür stellte. Seine Hände waren feucht, sein Atem flach. Heute war der Tag, an dem er seine größte Angst überwinden musste. Heute würde er vor fünfzig Menschen sprechen, um seine Geschäftsidee vorzustellen. Ein Traum, den er seit Jahren hatte – aber immer wieder war er gescheitert. Heute nicht. Heute war er bereit.

MUT – TRAU DICH, DEN ERSTEN SCHRITT ZU MACHEN!

Lukas erinnerte sich an den Moment, als er die Zusage für diese Präsentation bekommen hatte. Er hätte absagen können. Er hätte sich hinter seinen Ängsten verstecken können. Doch tief in ihm war diese kleine Stimme, die flüsterte: „Was wäre, wenn es klappt?" Mut war nicht die Abwesenheit von Angst, sondern die Entscheidung, trotz Angst zu handeln.

Er atmete tief durch, drückte die Tür auf und trat ein. Fünfzig erwartungsvolle Augenpaare ruhten auf ihm. Sein Herz raste. Sein Kopf schien leer. Doch er wusste: Er war hier, weil er es sich verdient hatte. Er hatte den Mut, hier zu stehen.

MINDSET – GLAUBE DARAN, DASS DU ES SCHAFFEN KANNST

Die ersten Worte kamen holprig über seine Lippen. Doch mit jedem Satz wurde er sicherer. Er sah die Gesichter der Menschen, sah, wie sie ihm zuhörten. Sein Verstand wollte ihm immer wieder sagen: „Du bist nicht gut genug, du wirst scheitern." Doch er hatte gelernt, seine Gedanken zu steuern.

„Ich bin genau richtig hier. Ich kann das!"

Sein Mindset hatte sich verändert. Früher hätte er sich klein gemacht, wäre vor Angst erstarrt. Heute wusste er: Erfolg beginnt im Kopf. Wer an sich selbst zweifelt, verliert, bevor das Spiel begonnen hat. Wer an sich glaubt, kann gewinnen.

DISZIPLIN – BLEIB DRAN, AUCH WENN ES SCHWER WIRD

Wochenlang hatte er sich vorbereitet. Er hatte Präsentationen geübt, Fehler gemacht, sich verbessert. Er war oft gescheitert, doch er hatte nicht aufgegeben. Disziplin war der unsichtbare Motor hinter jedem Erfolg. Die Fähigkeit, weiterzumachen, wenn andere aufgeben.

Es gab Tage, an denen er dachte: „Warum tue ich mir das an?" Aber dann erinnerte er sich an sein Ziel. Erfolg kam nicht über Nacht. Erfolg war die

Summe kleiner täglicher Taten. Und so stand er heute hier – nicht, weil er Talent hatte, sondern weil er diszipliniert war.

TUN – OHNE HANDLUNG BLEIBT ERFOLG NUR EIN TRAUM

Die Präsentation war vorbei. Stille. Dann brach Applaus aus. Lukas spürte, wie eine Welle der Erleichterung durch seinen Körper floss. Er hatte es getan.

Nicht perfekt. Nicht fehlerfrei. Aber er hatte es getan.

Und genau das war der Unterschied zwischen denen, die träumen, und denen, die Erfolg haben. Tun. Nicht warten. Nicht zweifeln. Nicht analysieren, bis die Gelegenheit vorbei ist. Einfach machen.

Als Lukas den Raum verließ, wusste er, dass dies erst der Anfang war. Es würde weitere Herausforderungen geben. Weitere Momente, in denen Mut, Mindset, Disziplin und Tun gefragt waren. Doch er hatte verstanden:

Erfolg ist kein Zufall – Erfolg ist eine Entscheidung!

ZUM AUSDRUCKEN UND AUFHÄNGEN

Erfolg besteht aus Mut, Mindset, Disziplin und Tun
1. **Mut** – Trau dich, den ersten Schritt zu machen.
2. **Mindset** – Glaube daran, dass du es schaffen kannst.
3. **Disziplin** – Bleib dran, auch wenn es schwer wird.
4. **Tun** – Ohne Handlung bleibt Erfolg nur ein Traum.

Dein Erfolg wartet auf dich! Alles beginnt mit einem Gedanken – also denke groß und handle mutig!

Kapitel 25

DER UNTERSCHIED ZWISCHEN SPASS UND FREUDE

DER MOMENT, AUF DEN WIR ALLE HINARBEITEN

Es war ein Projekt, das mich von Anfang an begeistert hat. Roland und Inge wollten ein Badezimmer, das nicht nur luxuriös war, sondern eine Oase, ein Kunstwerk, ein Ort der Ruhe und Entspannung. Das Budget? Hoch sechsstellig. Doch was dieses Projekt wirklich besonders machte, war nicht das Geld, sondern die Menschen dahinter. Roland und Inge – zwei außergewöhnliche Persönlichkeiten, erfolgreich, klar in ihren Entscheidungen, konsequent in ihrer Umsetzung. Und vor allem: warmherzig, echt, voller Leben und voller Liebe.

Schon bei unserem ersten Gespräch war da diese Verbindung. Es war nicht nur ein geschäftlicher Austausch, sondern das Gefühl, als würde man sich schon ewig kennen. Über Wochen hinweg entwickelten wir gemeinsam ihr Traumbad – jedes Detail durchdacht, jede Fliese, jede Armatur mit Bedacht gewählt. Und während dieser Zeit wuchs nicht nur ihr Badezimmer, sondern auch eine Freundschaft zwischen uns. Wir erzählten einander Geschichten, teilten Erfahrungen, lachten miteinander. Es war ein ehrlicher, tiefer Austausch, wie er nur selten im Leben passiert. Dann kam der große Tag: die Übergabe. Der Moment, auf den wir alle so lange hingearbeitet hatten. Die Emotionen waren riesig – Freude, Stolz, vielleicht sogar ein bisschen Wehmut, weil ein gemeinsamer Abschnitt zu Ende ging. Wir standen da, sahen uns das fertige Werk an, genossen den Augenblick. Alles war perfekt.

Während wir bei einer Tasse Kaffee zusammensaßen, ließ ich einen Satz fallen, ohne groß darüber nachzudenken: „Ich hoffe, ihr habt viel Spaß mit eurem neuen Bad." Roland schaute mich an, stellte seine Tasse ab und sagte: „Christian, ich muss dich auf etwas aufmerksam machen. Spaß? Nein. Freude."

Ich schaute ihn fragend an. „Spaß ist kurz", sagte er. „Spaß ist eine Netflix-Serie, die du dir ansiehst, um dich abzulenken. Ein flüchtiges Gefühl, ein kleiner Moment, der schnell kommt und genauso schnell wieder verschwindet. In Social Media scrollen. Ein schneller Kick, ein kurzer Lacher. Spaß ist auch YouPorn – ein bisschen Vergnügen, aber nichts von Bedeutung."

Er lehnte sich zurück und lächelte. „Freude aber ... Freude bleibt. Freude ist tief. Freude ist ein Gefühl, das lange nachhallt. Freude bedeutet Wertschätzung, echte Bedeutung. Freude ist voller Liebe. Unser Bad ist nicht für den schnellen Spaß da. Es soll uns täglich Freude bereiten, uns jeden Morgen und jeden Abend ein Gefühl von Luxus, von Geborgenheit, von zu Hause schenken."

Ich ließ seine Worte auf mich wirken. Er hatte so recht. Spaß ist oberflächlich. Freude ist Substanz. Spaß ist kurzfristig. Freude ist langfristig. Spaß ist Konsum. Freude ist Erfüllung.

Ich sah ihn an und nickte. „Du hast vollkommen recht, Roland. Dieses Bad ist für eure Freude gemacht."

Und genau das ist der Punkt: Was auch immer wir im Leben erschaffen – sei es ein Badezimmer, ein Unternehmen oder eine Beziehung – es sollte nicht nur Spaß machen. Es sollte Freude bringen.

Freude ist das, was bleibt, wenn der Spaß längst vergangen ist.

Kapitel 26

FREUNDE IN DEINEM LEBEN

WAHRE FREUNDSCHAFT – MEHR ALS NUR EIN WORT

Freunde – dieses Wort klingt so einfach, doch es trägt eine immense Bedeutung in sich. Was bedeutet es wirklich, Freunde in seinem Leben zu haben? Sind es die Menschen, die dich ständig von deinen Wünschen, Zielen und Aufgaben abhalten? Die, die nur ihren eigenen Ballast bei dir abladen, dir von ihren Problemen erzählen, aber sich nicht die Mühe machen, nach deinen Sorgen zu fragen? Sind es die, die deine Geburtstage oder wichtige Ereignisse in deinem Leben einfach vergessen, während du dich immer wieder bemühst, für sie da zu sein?

Immer wieder sehe ich Menschen, die nahezu verzweifelt versuchen, Freundschaften über soziale Medien zu definieren. Sie posten unzählige Bilder, setzen ihr künstliches Lächeln auf, nur um eine virtuelle Bestätigung zu bekommen. Flammen auf Snapchat, Likes auf Instagram, Kommentare unter ihren Bildern – ist das wirklich das, was Freundschaft ausmacht? Sind wir an einem Punkt angekommen, an dem eine digitale Zahl über die Qualität einer Freundschaft entscheidet? Ich frage mich oft, ob wir nicht alle ein wenig den Verstand verloren haben.

Eine wahre Freundschaft ist so viel mehr als nur eine Momentaufnahme auf einem Bildschirm. Sie besteht aus Vertrauen, Loyalität, Ehrlichkeit und gegenseitiger Unterstützung.

Siebedeutet, sich auch dann zu melden, wenn es gerade keinen besonderen Anlass gibt. Es bedeutet, für den anderen da zu sein – nicht nur in den schönen, sondern vor allem in den schweren Zeiten. Es bedeutet, sich gegenseitig die Wahrheit zu sagen, auch wenn sie manchmal unangenehm ist, weil wahre Freunde wollen, dass es dir gut geht. Ein echter Freund spricht aus, was er denkt, auch wenn du es vielleicht nicht hören möchtest. Und wenn diese Freundschaft echt ist, dann wird die andere Person diese Worte nicht als Angriff, sondern als liebevolle Unterstützung wahrnehmen.

Aber mal ehrlich: Wie viele solcher wahren Freunde hat man wirklich? Wenn du darüber nachdenkst, wirst du vielleicht feststellen, dass die Anzahl viel geringer ist, als du ursprünglich dachtest. Denn wahre Freunde sind rar. Es ist nicht wichtig, eine lange Liste an „Freunden“ zu haben, sondern ein paar wenige, besondere Menschen, auf die du dich in jeder Lebenslage verlassen kannst.

Erinnere dich an diesen Satz, denn er bringt die Wahrheit auf den Punkt:

„Wen deine Abwesenheit nicht stört, dem hat deine Anwesenheit nie etwas bedeutet.“

Lies diesen Satz immer wieder, lass ihn auf dich wirken und denke darüber nach. Denn wenn du merkst, dass du dich bei bestimmten Menschen immer wieder fragen musst, ob sie überhaupt noch einen Platz in deinem

Leben haben sollten, dann hast du bereits die Antwort. Deine Lebenszeit ist wertvoll – verschwende sie nicht mit Menschen, die dich nicht schätzen.

Freundschaft ist nicht nur ein Wort, sondern eine tiefe Verbindung zwischen Seelen. Sie ist keine Frage der Quantität, sondern der Qualität. Und wenn du das verstehst, wirst du die wahren Freunde in deinem Leben erkennen – und die loslassen, die es nie wirklich waren.

Kapitel 27

HALTE NICHT AN DEINER VERGANGEN-HEIT FEST

WIR KÖNNEN ES ZUSAMMEN SCHAFFEN!

Es gibt Momente im Leben, in denen wir uns verlieren, in denen die Dunkelheit unserer Vergangenheit uns immer wieder zurückzieht. Wir blicken zurück und fragen uns: „Warum gerade ich? Warum immer ich? Warum fehlt mir das Glück?“ Diese Gedanken, diese Zweifel, fesseln uns, ziehen uns immer tiefer in einen Strudel der Negativität. Die Vergangenheit scheint wie ein Schatten, der uns verfolgt, und wir können uns nur schwer von ihr lösen.

Ich weiß, es ist leicht, all das zu sagen. Es ist einfach, Worte zu finden, die uns aus der Misere holen könnten. Aber bitte, glaube mir, ich möchte nicht, dass du den Eindruck hast, ich würde das einfach abtun, als wäre es eine Kleinigkeit. Nein, nein. Auch ich habe viele Veränderungen durchlebt. Vielleicht kannst du das in diesem Buch erkennen. Auch ich habe meine Schmerzen, meine Enttäuschungen und Momente der Verzweiflung gehabt. Ich weiß, wie schwer es ist, sich von der Vergangenheit zu lösen. Doch gerade deshalb spreche ich zu dir. Ich habe es geschafft – und du kannst es auch.

Es ist schwer, sich von alten Wunden, Enttäuschungen und schmerzhaften Erfahrungen zu verabschieden. Doch das, was du heute durchlebst, hat einen Sinn, auch wenn du ihn noch nicht erkennen kannst.

Alles passiert für dich, nicht gegen dich.

Jede Enttäuschung, jede schmerzliche Erfahrung hat dich auf den Weg zu dem Menschen gemacht, der du heute bist. Und dieser Weg hat dich nicht in eine Sackgasse geführt, sondern hin zu einer offenen, grenzenlosen Zukunft.

EIN KLEINES GEDANKENSPIEL

Stell dir vor, du sitzt in einem Auto. Der Rückspiegel ist klein, die Windschutzscheibe ist riesig. Warum ist das so? Der Rückspiegel ist klein, weil die Vergangenheit klein ist, sie ist nicht mehr relevant. Was war, ist vorbei. Doch die Frontscheibe ist groß, weil die Zukunft, die vor dir liegt, unendlich viele Möglichkeiten und Chancen bietet. Deine Vergangenheit ist ein Kapitel, das du schließen kannst, und die Geschichte, die du noch schreiben wirst, hat so viel mehr zu bieten.

Wenn du ständig in deinem Rückspiegel schaust, verpasst du alles, was vor dir liegt. Du verlierst den Blick für all das, was noch kommen kann. *Löse dich von dem Schmerz der Vergangenheit, befreie dich von den Fesseln der Enttäuschungen, und sieh nach vorne.* Du kannst dich von all den Verletzungen und Erinnerungen befreien. Dein Leben hat so viel mehr zu bieten, wenn du den Mut hast, loszulassen.

Vielleicht hast du dich von jemandem getrennt, aber die Gedanken an diese Person lassen dich nicht los. Vielleicht bist du immer noch von den Emotionen gefangen, die diese Beziehung mit sich brachte. Doch du kannst dich befreien. Du musst nicht länger in der Vergangenheit leben. Du kannst deine Zukunft gestalten.

ÜBUNG: BEFREIUNG VON DER VERGANGENHEIT

Wenn du bereit bist, loszulassen, dann nimm dir einen Moment für dich. Hole ein Blatt Papier und male eine liegende Acht darauf. Auf der linken Seite schreibst du deinen eigenen Namen, auf der rechten Seite den Namen der Person oder des Gegenstands, von dem du dich trennen möchtest.

Jetzt beginne, dich bei dieser Person oder dem Gegenstand zu bedanken. Danke für all die schönen Momente, die du erlebt hast, für die Lektionen, die du gelernt hast, auch wenn sie schmerzhaft waren. Danke für die Erfahrungen, die dich zu dem Menschen gemacht haben, der du heute bist. Aber sage auch in Gedanken das du gerne ohne diese Person, ohne dies Zweifel und Ängste in die Zukunft gehen möchtest.

Wenn du fertig bist, schneide die liegende Acht in der Mitte durch. Behalte den Teil mit deinem Namen und verbrenne den anderen Teil. Spüre, wie die Emotionen von dir abfallen, wie du die Vergangenheit hinter dir lässt. In diesem Moment bist du frei. Frei, dich auf deine Zukunft zu konzentrieren, voller positiver Energie, bereit, Neues zu erleben, und zu wachsen.

Diese Übung ist nicht nur für Beziehungen. Du kannst sie auch für Gegenstände oder andere Dinge anwenden, die dich noch an die Vergangenheit binden. Wenn du dich von etwas trennen möchtest, das dich festhält, dann tue es mit der gleichen Entschlossenheit. Dein Leben hat noch so viel schönen mit dir vor, und du hast die Kraft, es zu verändern. Der Blick in die Zukunft ist weit und offen – und du kannst ihn mit neuem Mut und Hoffnung füllen.

Ich weiß, dass es nicht einfach ist. Aber auch ich habe mich verändert und bin gewachsen, genauso wie du es tun kannst. Ich möchte dich in diesem Prozess begleiten und dich unterstützen, damit du dich frei fühlst, damit du voller Zuversicht nach vorne blicken kannst.

Wir können es zusammen schaffen.

Kapitel 28

WAS NUTZT ES DIR, GUT ZU SEIN ...

... WENN DU NICHT SICHTBAR BIST UND NIEMAND DEINE QUALITÄT SIEHT?

Viele Menschen sind in ihrem Fachgebiet wahre Experten. Sie haben jahrelange Erfahrung, sind leidenschaftlich und liefern hervorragende Arbeit. Doch oft gibt es ein großes Problem: Niemand kennt sie. Sie sind unsichtbar. Was passiert mit einem Experten, den niemand wahrnimmt? Seine Qualität bleibt ungenutzt, seine Dienstleistung wird nicht nachgefragt, und seine Leidenschaft führt nicht zum Erfolg, den er eigentlich verdient.

SICHTBARKEIT IST DER SCHLÜSSEL ZUM ERFOLG!

Wer nicht sichtbar ist, existiert im Geschäftsleben nicht. Selbst wenn du der Beste in deinem Bereich bist, wirst du von anderen überholt, wenn sie sich besser präsentieren als du. Du musst dafür sorgen, dass Menschen von dir erfahren und dich als Experten wahrnehmen.

Wie baust du Sichtbarkeit auf?
Die gute Nachricht ist: Du kannst deine Sichtbarkeit bewusst und strategisch aufbauen. Das ist keine Frage des Glücks oder Zufalls, sondern ein gezielter Prozess mit erprobten Methoden. Ein klares Marketing-Konzept hilft dir dabei. Lass uns die wichtigsten Strategien durchgehen:

1. Klare Positionierung – Wer bist du und was machst du?

Was genau machst du? Was macht dich besonders? Warum sollten Menschen genau dich beauftragen? Definiere deine Stärken und hebe dich von der Konkurrenz ab. Dein Angebot muss so klar sein, dass es in einem Satz verständlich wird.

Beispiel:

Statt: „Ich bin ein erfahrener Coach und helfe Menschen, erfolgreicher zu werden."

Besser: „Ich zeige Selbstständigen, wie sie ihre Umsätze verdoppeln, ohne mehr zu arbeiten."

Je präziser deine Botschaft ist, desto leichter können Menschen dich verstehen und sich angesprochen fühlen.

2. Nutze Social Media – Die digitale Bühne für deinen Erfolg

Sichtbarkeit beginnt heutzutage im Internet. Plattformen wie Facebook, Instagram, LinkedIn, TikTok oder YouTube sind Möglichkeiten, um dich und deine Arbeit zu präsentieren. Doch es reicht nicht, einfach nur ein Profil zu haben. Du musst regelmäßig Inhalte teilen, die deine Zielgruppe ansprechen.

DREI EFFEKTIVE CONTENT-STRATEGIEN:

- **Bildung:** Teile wertvolles Wissen und Tipps, die deine Follower direkt anwenden können.
- **Inspiration:** Erzähle Geschichten, die Emotionen wecken und Menschen motivieren.
- **Vertrauen:** Zeige echte Erfolgsgeschichten, Referenzen und Kundenstimmen.

Ein Beispiel dazu
Ein Fitness-Coach kann Vorher-Nachher-Bilder seiner Kunden teilen, kurze Trainingsvideos posten und Tipps zur gesunden Ernährung geben. So bleibt er sichtbar und zeigt gleichzeitig seine Expertise.

3. Dein Marketing-Konzept – Wie du Kunden auf dich aufmerksam machst

Ein professionelles Marketing besteht aus mehreren Bausteinen:

- Einer **gut strukturierten Website**, die deine Expertise klar präsentiert.
- Einem **durchdachten E-Mail-Funne**l, der Interessenten langfristig an dich bindet.
- **PR & Medienpräsenz:** Artikel in Magazinen, Gastauftritte in Podcasts oder TV.
- **Live-Events und Vorträgen,** die dich als Autorität in deinem Bereich etablieren.

Nutze diese Bausteine, um eine starke Präsenz aufzubauen und Menschen auf dich aufmerksam zu machen.

4. Nutze Netzwerke – Kontakte sind Gold wert

Jeder erfolgreiche Unternehmer hat ein starkes Netzwerk. Kooperationen mit anderen Experten können deine Reichweite enorm erhöhen. Suche gezielt nach Menschen, die deine Zielgruppe bedienen, aber keine direkte Konkurrenz sind.

Beispiele:
- Gastauftritte in Podcasts oder YouTube-Kanälen anderer Experten.
- Gemeinsame Webinare oder Workshops.
- Gegenseitige Empfehlung in sozialen Netzwerken.

Wenn du mit den richtigen Leuten zusammenarbeitest, wirst du automatisch sichtbarer.

5. Die Königsdisziplin: Storytelling – Erzähle deine Geschichte

Menschen erinnern sich nicht an trockene Fakten, sondern an Geschichten. Wenn du deine eigene Geschichte erzählst, schaffst du eine Verbindung zu deinem Publikum. Zeige, warum du das tust, was du tust.
Beispiel: Ein Unternehmer berichtet, wie er selbst vor dem finanziellen Ruin stand, sich mit NLP-Techniken aus der Krise befreite und heute anderen hilft, ihre eigenen Blockaden zu überwinden. Diese Geschichte bleibt im Kopf und macht ihn einzigartig.

WERDE SICHTBAR UND NUTZE DEIN VOLLES POTENZIAL

Es reicht nicht, gut zu sein – du musst auch dafür sorgen, dass andere davon erfahren. Sichtbarkeit ist keine Option, sondern eine Notwendigkeit für deinen Erfolg.
Starte heute: Arbeite an deiner Positionierung, teile dein Wissen in sozialen Medien, baue dein Netzwerk aus und erzähle deine Geschichte. Sichtbarkeit bringt dich voran.

Mach dich sichtbar und werde zur anerkannten Autorität in deinem Bereich!

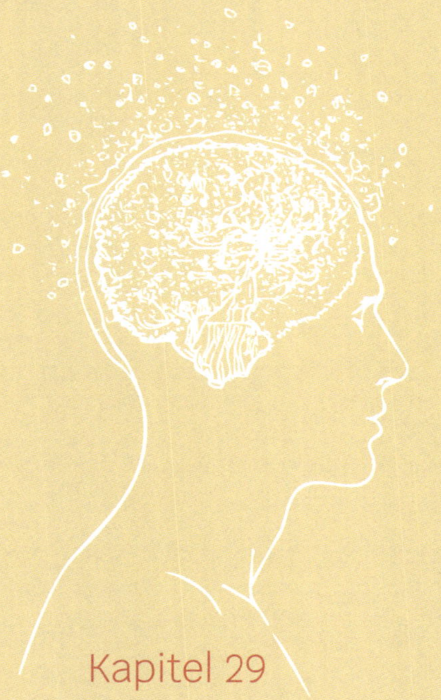

Kapitel 29

DIE ULTIMATIVE (GEISTIGE) FREIHEIT

GEFANGEN IM EIGENEN GEDANKEN-GEFÄNGNIS

Es gibt einen Moment im Leben eines Menschen, in dem er spürt, dass er nicht mehr weiter kann. Ein Moment, in dem die Dunkelheit seiner eigenen Gedanken ihn umhüllt, in dem sich die Wände seines Verstandes enger und enger um ihn schließen. Er schreit, aber niemand hört ihn. Er kämpft, aber nichts bewegt sich. Es ist, als würde er in einem dichten, schwarzen Nebel ersticken, während draußen das Leben weitergeht – unberührt, unbewegt.

Ich erinnere mich an einen Mann, dessen Leben sich in genau diesem Zustand befand. Er war jahrelang gefangen in einem inneren Gefängnis, das er selbst nicht sehen konnte. Er trug die Ketten alter Verletzungen, ungelöster Konflikte und der ewig nagenden Frage: „Warum bin ich nicht genug?" Er hatte alles versucht – Seminare, Bücher, gute Ratschläge – doch am Ende landete er immer wieder in diesem dunklen Raum seiner eigenen Gedanken. Ein Raum ohne Tür. Ohne Ausgang.

Als er mir gegenübersaß, war sein Blick leer, seine Augen müde, sein Körper schwer vom jahrelangen inneren Kampf. Seine Hände zitterten leicht, als er versuchte, seine Geschichte zu erzählen, doch immer wieder brach seine Stimme. Die Last, die er trug, war zu groß, zu schwer. Ich stellte ihm eine einzige Frage: „Wenn du heute die Möglichkeit hättest, dein Leben frei von allem Ballast zu führen – wie würde es aussehen?"

Stille. Eine Stille, die so tief ging, dass selbst die Zeit zu pausieren schien. Dann, zaghaft, wie ein schwacher Lichtstrahl durch einen Riss in der Dunkelheit, hob er den Kopf. In seinen Augen ein Funken. Ein Hauch einer Möglichkeit. Zum ersten Mal wagte er es, sich eine Realität vorzustellen, in der er nicht länger ein Gefangener war.

Geistige Freiheit beginnt genau hier – mit der Erlaubnis, eine andere Möglichkeit in Betracht zu ziehen.

Der Prozess ist nicht sanft, nicht leicht. Er ist ein innerer Kampf, ein erbarmungsloses Ringen mit alten Dämonen. Es sind Tränen, die längst vergessen schienen, Schreie, die nie gehört wurden, Schatten der Vergangenheit, die noch einmal auferstehen. Doch inmitten dieser Dunkelheit gibt es einen Punkt – einen Moment der Klarheit. Eine Entscheidung.

Ich führte ihn auf eine hypnotische Reise tief in sein Innerstes. In seiner Vorstellung stand er auf einer weiten Wiese. Die Sonne war sanft, der Wind eine liebevolle Berührung, die Luft gefüllt mit dem Duft nach Neubeginn. Und dann geschah es: Der Nebel begann sich zu lichten. Die Schatten, die ihn so lange gefangen hielten, begannen zu verblassen. Und mit jedem Atemzug, den er nahm, wurde sein Körper leichter, sein Geist freier.

Nach dieser Erfahrung veränderte sich sein Leben. Nicht sofort, nicht ohne Rückschläge. Aber Schritt für Schritt begann er, seine Denkmuster zu durchbrechen, seine alten Glaubenssätze infrage zu stellen. Er lernte, dass er nicht seine Vergangenheit ist, dass er nicht die Ketten seiner Gedanken tragen muss. Er erkannte, dass wahre Freiheit in ihm lag – und dass er den Schlüssel dazu die ganze Zeit in seinen Händen hielt.
Geistige Freiheit bedeutet nicht, dass keine Stürme mehr kommen werden. Es bedeutet, dass man lernt, sie zu durchschreiten, ohne daran zu zerbrechen. Dass man sich nicht länger von der Angst regieren lässt. Dass man sich nicht länger selbst belügt. Es bedeutet, dass man erkennt: Der Käfig war nie real.

Jeder von uns trägt diesen Schlüssel in sich. Die Frage ist nicht, ob du ihn besitzt. Die Frage ist: Wann wirst du bereit sein, ihn zu benutzen?

Kapitel 30

DEINE TÄGLICHEN ROUTINEN …

... BESTIMMEN DEIN LEBEN

Es beginnt jeden Morgen mit einer Entscheidung. Die Entscheidung, wie du deinen Tag startest. Noch bevor du deine Augen öffnest, formt sich bereits deine innere Haltung für die kommenden Stunden. Dein erster Gedanke am Morgen setzt die Energie für deinen Tag. Ist es ein Gedanke voller Dankbarkeit und Freude oder voller Sorgen und Mühsal?

Ich erinnere mich an eine Zeit, in der meine Morgen chaotisch waren. Ich sprang aus dem Bett, hetzte durch das Haus, trank meinen Kaffee im Stehen und hatte das Gefühl, als wäre ich bereits um acht Uhr morgens von der Welt überfordert. Meine Tage verliefen dementsprechend. Stress, Unruhe, das Gefühl, nie genug Zeit zu haben. Ich wusste, dass sich etwas ändern musste.

Ich begann, meine Routinen bewusst zu gestalten. Ich stand früher auf, um in Ruhe in den Tag zu starten. Mein Morgen begann mit einer Meditation, in der ich meine Gedanken sammelte. Ich stellte mir vor, wie mein Tag verlaufen würde, und visualisierte und fühlte tief in mir Erfolg. Dann schrieb ich drei Dinge auf, für die ich dankbar war. Diese kleine Änderung hatte eine gigantische Wirkung. Plötzlich begann ich den Tag nicht mehr reaktiv, sondern aktiv.

DER RHYTHMUS DEINES LEBENS

Unsere Gewohnheiten bestimmen unser Leben. Kleine Entscheidungen, die wir täglich treffen, formen unsere Zukunft. Stell dir vor, du bist ein Kapitän auf hoher See. Wenn du dein Steuerrad nur um ein paar Grad veränderst, wird dein Schiff nach Tagen und Wochen an einem völlig anderen Ort ankommen. Genauso verhält es sich mit deinen Routinen. Es sind die kleinen Dinge, die sich mit der Zeit aufsummieren.

Denke an einen Sportler. Er wird nicht erfolgreich, weil er einmal hart trainiert. Es sind die unzähligen Trainingsstunden, die er Tag für Tag absolviert, die ihn zu einem Gewinner machen. So ist es auch im Leben und im Geschäft. Die Konstanz in deinen Handlungen bringt dich zum Ziel.

DIE MACHT DES MORGENS

Wie du den Morgen verbringst, entscheidet, wie du den Rest des Tages erlebst. Hier sind einige Routinen, die mein Leben nachhaltig verändert haben:

1. **Dankbarkeit:** Jeden Morgen drei Dinge aufzuschreiben, für die ich dankbar bin, hat meine Sicht auf das Leben verändert. Ich fühle mich reicher, erfüllter und zufriedener.

2. **Bewegung:** Eine kurze Sporteinheit bringt den Kreislauf in Schwung und setzt positive Energie frei. Selbst ein paar Minuten Stretching oder ein Spaziergang machen einen riesigen Unterschied.
3. **Visualisierung:** Ich stelle mir vor, wie mein Tag verlaufen soll. Ich sehe und fühle mich in erfolgreichen Gesprächen, sehe mich produktiv und voller Energie. Mein Unterbewusstsein richtet sich danach aus.
4. **Fokussierte Planung:** Ich schreibe die drei wichtigsten Dinge auf, die ich heute erledigen möchte. Das gibt mir Klarheit und verhindert, dass ich mich in Kleinigkeiten verliere.

ABENDRITUALE FÜR EIN ERFOLGREICHES LEBEN

Ebenso wichtig wie der Morgen ist der Abend. Ich erinnere mich an die Zeit, in der ich abends erschöpft ins Bett fiel, meinen Kopf voller Gedanken und Sorgen. Ich konnte schwierig einschlafen, schlecht schlafen und stand am nächsten Morgen bereits erschöpft auf.

Heute habe ich Rituale, die meinen Tag bewusst abschließen. Ich reflektiere, was gut gelaufen ist, und lerne aus dem, was nicht optimal war. Ich schreibe meine Gedanken nieder, um sie loszulassen. Und vor dem Schlafengehen gehe ich noch einmal in die Dankbarkeit – für die kleinen und großen Dinge.

DIE MAGIE DER KLEINEN DINGE

Es sind nicht die großen Veränderungen, die dein Leben bestimmen. Es sind die kleinen Routinen, die du Tag für Tag wiederholst. Die Art, wie du morgens aufstehst. Die Art, wie du mit Herausforderungen umgehst. Die Gewohnheiten, die du pflegst.

Eine Geschichte, die mich immer wieder inspiriert, ist die eines alten Mannes in einem kleinen Dorf. Jeden Morgen wachte er früh auf, ging hinaus und grüßte jeden Nachbarn mit einem Lächeln. Er nahm sich Zeit für ein stilles Gebet, trank seinen Tee in Ruhe und begann den Tag mit einer klaren Absicht. Er wurde über hundert Jahre alt. Als man ihn fragte, was sein Geheimnis sei, antwortete er: „Ich habe mein Leben lang jeden Tag bewusst gelebt." Diese Worte begleiten mich. Bewusst leben, bewusst handeln. Jeder Tag ist ein Geschenk, und es liegt an uns, wie wir es auspacken.

Deine Aufgabe

Nimm dir heute Zeit und frage dich: Welche Routinen bestimmen mein Leben? Dienen sie mir? Oder halten sie mich zurück? Welche kleine Veränderung kann ich heute einbauen, um mein Leben positiv zu gestalten?

Erfolg ist kein Zufall. Erfolg ist das Ergebnis deiner Gewohnheiten. Und du hast die Wahl, welche du in dein Leben integrierst. Jeden Tag. Immer wieder.

Kapitel 31

SEI VORSICHTIG UND AUF DER HUT ...

… DAMIT DEIN ALLTAG DICH NICHT VON DEINEN TRÄUMEN, WÜNSCHEN UND ZIELEN ABHÄLT!

Es gibt einen feinen, aber entscheidenden Unterschied zwischen dem Leben, das wir leben, und dem Leben, das wir leben wollen. Der Alltag ist ein mächtiger Feind – er kommt leise, fast unsichtbar, und nimmt uns die Kontrolle. Wenn wir uns nicht bewusst dagegenstellen, wird der Alltag uns verschlingen und von unseren wahren Zielen ablenken. Du gehst morgens zur Arbeit, und plötzlich bist du nur noch ein Rädchen im Getriebe, das andere für dich drehen. Die E-Mails, die Anrufe, die Nachrichten – sie stürzen auf dich ein, und bevor du es merkst, bist du schon mitten in der Flut aus Aufgaben, die dir keine Zeit lassen, an das zu denken, was du wirklich erreichen willst.

Jeder Tag beginnt mit einer Vielzahl an Anforderungen, die von außen an dich gestellt werden. Vielleicht ist es ein Kollege, der deine Hilfe braucht, ein Kunde, der eine dringende Anfrage hat, oder ein Mitarbeiter, der Unterstützung benötigt. All diese Aufgaben sind wichtig, keine Frage. Aber sie sind nicht deine Aufgaben. Sie sind nicht die Dinge, die du dir vorgenommen hast, die du tun möchtest, um deinen eigenen Fortschritt zu sichern. Wenn du nicht wachsam bist, wird dein Tag von den Bedürfnissen anderer bestimmt und nicht von deinen eigenen Zielen.

Und dann passiert es: Du gehst nach Hause, am Ende des Tages, und fragst dich, was du eigentlich erreicht hast. Du hattest so viele Dinge geplant, so viele Ziele im Kopf – und doch hast du das Gefühl, nichts davon wirklich geschafft zu haben. Du hast den Tag in einem Meer von Aufgaben verloren, die dir nicht wirklich geholfen haben, voranzukommen. Es ist ein Gefühl der Leere, das dir bewusst wird – du hast zwar viel getan, aber nicht das, was wirklich zählt.

Das passiert, weil wir oft die Kontrolle über unseren Alltag verlieren. Der Schlüssel zu einem erfolgreichen Leben ist jedoch, bewusst Prioritäten zu setzen und die Aufgaben in deinem Leben nach ihrer Wichtigkeit zu ordnen. Und das bedeutet auch, nicht jeder „kleinen“ Aufgabe nachzugehen, nur weil sie gerade vor dir liegt. Du musst lernen, dich zu fokussieren und zu erkennen, was *wirklich* wichtig ist.

Setze klare Prioritäten, die dich zu deinen Zielen führen. Eine der einfachsten, aber effektivsten Methoden ist, deine Aufgaben in Kategorien aufzuteilen.

Ich sage dir: Mach es einfacher!

DER LEBENSSTAPEL – DEINE NEUE ERFOLGSMETHODE!

Stell dir vor, du hast vier Ablagefächer vor dir:
1. **„Ja, mache ich sofort!“**
2. **„Ja, später – aber mit fester Terminierung!“**
3. **„Nein, mache ich nicht!“**
4. **„Mal sehen ... vielleicht irgendwann?“**

Jetzt kommt der entscheidende Punkt: Die meisten Menschen – vielleicht auch du – neigen dazu, ihre Aufgaben ins vierte Fach zu legen:

„Mal sehen ... das könnte noch nützlich sein ... ich mach's später ... irgendwann ...“

Und genau DAS ist der Grund, warum du dich abends ausgelaugt fühlst und das Gefühl hast, nichts wirklich erledigt zu haben. Dein Kopf ist voller unerledigter Dinge, die dich belasten!

Doch ab heute ist Schluss damit!

Ab sofort nimmst du jede Aufgabe und entscheidest SOFORT:
✅ „Ja, mache ich sofort!“ → Direkt erledigen. Keine Ausreden!
📅 „Ja, später – aber mit Termin!“ → Trage es verbindlich in deinen Kalender ein
❌ „Nein, mache ich nicht!“ → Streichen! Lass los, was dir nicht dient, weg delegieren!
🚫 „Mal sehen ...“ gibt es NICHT MEHR!

Schmeiß die Ablage „Mal sehen“ aus deinem Leben!

Das Ergebnis? **Erleichterung. Freiheit. Disziplin. Klarheit.**
Und das Beste: **Du gewinnst auf einmal LEBENSZEIT!**

FANG JETZT AN!

Wenn du jeden Tag mit einer klaren Vorstellung davon beginnst, was du erreichen möchtest, und diese Ziele nicht von äußeren Anforderungen beeinflussen lässt, wirst du feststellen, dass du viel mehr erreichst, als du jemals für möglich gehalten hast. Die Kunst liegt darin, nicht nur zu reagieren, sondern aktiv zu gestalten. Sei der Architekt deines Tages, nicht der Passagier auf der Reise deines Lebens. Nur so wirst du am Ende des Tages mit einem erfüllten Gefühl zurückblicken können, weil du genau das getan hast, was du dir vorgenommen hast.

Und daran solltest du dich jeden Morgen erinnern: Dein Tag gehört dir. Gib ihn nicht an andere ab.

Schau auf die Zeichnung und warte nicht, sondern lege los, ansonsten wirst du von Morgen zu Morgen getrieben…………„Ruhe in Frieden“!!!

Am Ende des Lebens bereuen Menschen meistens die Dinge, die Sie nicht getan haben.

Gute Nachricht!
Heute ist noch nicht das Ende deines Lebens!!

Kapitel 32

DEINE GEWOHNHEITEN SIND DAS SPIEGEL-BILD DEINES LEBENS

WAS DU VORLEBST, WIRD VON DEINEM UMFELD UNBEWUSST WAHRGENOMMEN

Ich erinnere mich an einen Geschäftspartner, den ich vor vielen Jahren kennenlernte. Er war ein Mann mit außergewöhnlichen Fähigkeiten, voller Wissen und Ideen. Doch trotz all seiner Potenziale kam er nicht richtig vom Fleck. Eines Tages beobachtete ich ihn genauer: Sein Tag begann unstrukturiert, er kam oft zu spät, sprach negativ über andere und hielt sich selbst nicht an seine eigenen Versprechen. Er wunderte sich, warum sein Team unmotiviert war, warum Kunden absprangen, und seine Firma stagnierte. Dabei war die Antwort offensichtlich: Seine Gewohnheiten prägten sein Umfeld – und sein Umfeld spiegelte ihm das zurück.

Gewohnheiten sind mächtiger als kurzfristige Willenskraft. Sie formen unser Leben, unsere Entscheidungen und unsere Beziehungen. Gerade im Business ist es entscheidend, welche Gewohnheiten du Tag für Tag lebst, denn dein Team, deine Kunden und Partner nehmen sie auf einer unbewussten Ebene wahr und reagieren darauf.

DIE KRAFT DER GEWOHNHEITEN IM BUSINESS

Ich erinnere mich an einen meiner Coaching-Klienten, einen Unternehmer, der sein Unternehmen vergrößern wollte. Er beschwerte sich darüber, dass seine Mitarbeiter nicht selbstständig arbeiteten, keine Initiative ergriffen und ständig auf Anweisungen warteten. Also bat ich ihn, mir einen Tag in seinem Unternehmen zu zeigen.

Was ich sah, war ein Muster, das sich in vielen Unternehmen wiederholt: Er kontrollierte jedes kleine Detail, korrigierte seine Mitarbeiter in einem scharfen Ton und machte ihnen unbewusst klar, dass sie ohne ihn nichts hinbekämen. Seine Gewohnheit der ständigen Kontrolle lähmte sein Team. Kein Wunder, dass niemand Eigenverantwortung übernahm.
Ich stellte ihm eine einfache Frage: „Was wäre, wenn du das Verhalten vorlebst, das du dir von deinem Team wünschst?" Er begann, Verantwortung abzugeben, seine Mitarbeiter zu ermutigen, eigene Entscheidungen zu treffen, und vor allem: Er lebte Vertrauen vor. Nach wenigen Monaten war die Veränderung sichtbar – nicht nur bei ihm, sondern im gesamten Unternehmen.

WAS DU AUSSTRAHLST, BEKOMMST DU ZURÜCK

Es gibt einen einfachen Test: Schau in den Spiegel und frage dich ehrlich – würde ich mir selbst als Chef folgen? Würde ich meinem eigenen Unternehmen als Kunde treu bleiben? Würde ich mir als Kollege Vertrauen schenken?

Vor einigen Jahren arbeitete ich mit einem Verkaufsleiter, der seine Umsätze steigern wollte. Er war unzufrieden mit seinen Mitarbeitern, die angeblich nicht motiviert genug waren. Doch als wir uns sein Verhalten ansahen, wurde schnell klar: Er selbst war oft lustlos, schob Entscheidungen auf und suchte Ausreden, wenn es schwierig wurde. Unbewusst sendete er genau diese Signale an sein Team aus. Als er begann, seine eigenen Gewohnheiten bewusst zu verändern – pünktlicher zu sein, seine Energie in Meetings zu steigern, Verantwortung zu übernehmen – änderte sich das Verhalten seines Teams fast automatisch mit.

DIE MACHT KLEINER VERÄNDERUNGEN

Viele glauben, dass sie ihr Umfeld ändern müssen, um Erfolg zu haben. Doch wahre Veränderung beginnt immer bei einem selbst.

Eine kleine Übung: Schreib dir für die nächsten sieben Tage jeden Abend drei Gewohnheiten auf, die dich deinem Ziel näherbringen. Das können Kleinigkeiten sein: Früh aufstehen, klarer kommunizieren, wertschätzender mit Mitarbeitern umgehen. Nach einer Woche überprüfe, welche Veränderungen du bereits spüren kannst – in dir und in deinem Umfeld.

Das Business spiegelt dich wider. Wenn du eine Kultur des Wachstums, der Verantwortung und der Klarheit schaffen willst, dann beginne bei dir. Deine Gewohnheiten sind das Fundament deines Erfolgs.

Kapitel 33

GELD – DAS GLEIT-MITTEL DES LEBENS

GELD IST WIE DEIN BESTER FREUND

Behandle es gut, dann bleibt es an deiner Seite. Geld ist nicht einfach nur Papier oder eine Zahl auf deinem Konto – es ist das Gleitmittel deines Lebens. Es erleichtert deine Entscheidungen, es beruhigt und sichert dich ab. Doch Vorsicht: Viele leben das scheinbare Leben anderer, das mehr Schein als Sein ist. Sie versuchen, ein Bild von Reichtum aufrechtzuerhalten, während sie in Wahrheit von Schulden erdrückt werden.

Geld ist nur ein Thema, wenn du zu wenig davon hast.
Die einfachste Formel lautet: Gib weniger aus, als du einnimmst!

DIE MACHT DER FINANZIELLEN UNABHÄNGIGKEIT

Mit Geld bist du frei. Du entscheidest, wann, wo und ob du es überhaupt ausgibst. Du bist niemandem verpflichtet. Keine Angst vor Rechnungen, keine Abhängigkeit von Banken oder Kreditgebern. Doch finanzielle Freiheit kommt nicht von allein – und schon gar nicht durch Schulden. Eine der wichtigsten Regeln, die du dir merken solltest: **Kaufe nichts auf Pump!** Nehme nur dann Kredite auf, wenn sie für einen klaren, gut durchdachten Businessplan sind. Alles andere ist ein gefährlicher Weg in die finanzielle Abhängigkeit.

Mein eigener Weg: Vom Nichts zum Vermögen …

… – und zurück. Ich habe selbst alles durchgemacht: von null gestartet, viel Geld verdient, es leichtfertig ausgegeben – und teuer dafür bezahlt. Als junger Unternehmer hatte ich keinerlei Ahnung von Bilanzen und betriebswirtschaftlichen Auswertungen (BWA). Mit 22 nahm ich meinen ersten Kredit auf – satte **15 % Zinsen**. Was bedeutete das? Die ersten **zehn Jahre** habe ich nur für die Zinsen gearbeitet!
Vielleicht fragst du dich jetzt: **„Was redet der da?“** Lass es mich so erklären: Erst als ich begann, Geld wie einen Freund zu behandeln, änderte sich alles.

- **Keine roten Zahlen mehr auf dem Konto.**
- **Kein Kauf mehr auf Pump.**
- **Ist-Analyse: wo stehe ich mit meinen Einnahmen und Ausgaben?**
- **Strikte, disziplinierte Finanzplanung.**
- **Geld spenden für Menschen, die es nötiger haben.**

Geld zieht Geld an – aber nicht um jeden Preis.

Es gibt einen Punkt, den viele nicht verstehen: **Geld allein macht nicht glücklich**. Es muss für dich arbeiten, damit du frei leben kannst. Doch immer nur nach „mehr und mehr“ zu streben, führt in eine endlose Jagd ohne Erfüllung. Es geht darum, kluge Entscheidungen zu treffen und nachhaltig zu investieren.

BITCOIN – DEIN TICKET ZUR FINANZIELLEN FREIHEIT?

Dies ist nur ein Vorschlag, um dir die Augen zu öffnen!

Wenn du langfristig Vermögen aufbauen willst, solltest du **dein Geld für dich arbeiten lassen**. Ich empfehle Bitcoin als Sparplan. Warum? Weil sich der Zinseszinseffekt mit der Zeit entfaltet und wahre Wunder bewirken kann.

Bitcoin hat in den letzten 14 Jahren im Durchschnitt jedes Jahr eine Rendite von mindestens 30 % erzielt – und das, obwohl er damals noch nicht so bekannt war wie heute. Doch wie bei jeder Investition gilt: Informiere dich gut, damit du verstehst, was du tust. Ein großartiger Einstieg in das Thema ist das Handbuch „Bitcoin 1x1" von Marc Friedrich (https://www.friedrich-partner.de/bitcoin-handbuch) – es wird dir zusätzlich die Augen öffnen.

Beispiel:

- 100 € monatlich über 15 Jahre → aus 18.000 € Eigenkapital werden ca. 260.000 € (bei 30 % Rendite).
- 400 € monatlich → aus 72.000 € Eigenkapital werden ca. 1.000.000 €.

Für einen einfachen Einstieg bietet sich die Nutzung von Relai an, eine Schweizer Firma:

DER WAHRE PREIS SCHLECHTER GEWOHNHEITEN

Nimm einmal das Rauchen als Beispiel. Viele sagen: „Ach, ich rauche doch nur eine Schachtel am Tag!" Sei ehrlich zu dir selbst. Eine Schachtel kostet dich etwa 10 € pro Tag.

- 10 € x 365 Tage = 3.650 € pro Jahr.
- 304 € monatlich gespart und investiert → nach 15 Jahren ca. 790.000 €!

Überlege dir das einmal: Statt dein Geld zu verbrennen – im wahrsten Sinne des Wortes – könntest du mit der gleichen Summe ein kleines Vermögen aufbauen und gleichzeitig deine Gesundheit retten.

LASSE GELD FÜR DICH ARBEITEN!

Es geht nicht darum, das meiste Geld anzuhäufen – es geht darum, finanzielle Sicherheit und Freiheit zu erlangen. **Treffe kluge Entscheidungen. Investiere langfristig.** Und denke daran: **Die Zeit läuft!**
Schau dir Kapitel 22 noch einmal an, wenn du mehr darüber erfahren willst, wie du deine Denkweise ändern kannst. Wenn du Fragen hast – kontaktiere mich.

Dein finanzielles Glück beginnt jetzt!

Kapitel 34

ACHTE AUF DEIN UMFELD

IST ES AN DER ZEIT, DEIN UMFELD ZU PRÜFEN?

Stell dir vor, du bist auf einem Schiff und segelst auf dem offenen Meer. Dein Ziel ist irgendwo in der Ferne, aber der Wind verändert sich ständig. Mal bläst er stark, mal schwach, mal aus der richtigen Richtung, mal aus der falschen. Dein Segel ist deine Energie, deine Ideen, deine Gedanken – und der Wind, das ist das Umfeld, in dem du dich befindest.

Wenn du in einem Umfeld bist, das dich ständig unterstützt, das dir neue Gedanken und Ideen bringt, dann wirst du wie ein Schiff in die richtige Richtung gelenkt. Aber was passiert, wenn der Wind sich dreht und dir den Kurs versperrt? Was passiert, wenn du in einem Umfeld bist, das dich nicht weiterbringt, das dir nur das Gefühl gibt, in einem Kreis zu segeln? Dann fühlst du dich vielleicht festgefahren und kommst nicht mehr voran.

Du kannst dir aber auch vorstellen, dass du das Segel immer wieder neu setzen kannst, um einen anderen Kurs zu finden. Wenn du merkst, dass der Wind nicht mehr in die Richtung weht, die dich zu deinem Ziel führt, dann justierst du dein Segel und suchst nach einem neuen Wind, der dich weiterträgt.

Genauso ist es mit deinem Umfeld. Es ist nicht immer einfach, den richtigen Wind zu finden – manchmal musst du einen Schritt zurücktreten und beobachten, welche Menschen, welche Gespräche und welche Einflüsse dich gerade von deinem Kurs abbringen. Vielleicht bist du in einem Umfeld, das dich nicht herausfordert, das dich nicht wachsen lässt. Vielleicht bist du derjenige, der immer alles weiß, immer alles kann – und deshalb nicht weiter vorankommt.

Es geht nicht darum, alles hinter dir zu lassen und dein Umfeld vollständig zu ändern. Aber es ist wichtig, dass du dir bewusst machst, wie wichtig dein Umfeld für dein Wachstum ist. Du kannst den Kurs immer wieder anpassen und dir die Menschen suchen, die dich inspirieren, die dich fordern, die dir den Wind in die Segel geben.

Vielleicht ist es an der Zeit, zu erkennen, dass du in einem Raum bist, in dem du nicht mehr wachsen kannst. Vielleicht musst du den Wind neu suchen und dich mit denen umgeben, die dir helfen, weiterzusegeln, weiterzuwachsen. Denke darüber nach:

Bestimmt dein Umfeld deine Gedanken? Oder bestimmen deine Gedanken dein Umfeld? Du hast die Macht, dein Segel neu zu setzen – es liegt in deiner Hand.

Kapitel 35

DU KANNST JEDERZEIT NEU BEGINNEN

WAR'S DAS SCHON?

Manchmal führt uns das Leben auf unerwartete Pfade. Wege, die auf den ersten Blick sinnvoll erscheinen, uns aber tief in unserem Innersten nicht erfüllen. Doch das Schöne am Leben ist: Wir haben jederzeit die Möglichkeit, eine neue Richtung einzuschlagen.

Jimena ist der lebendige Beweis dafür.

Sie kam mit ihrer Familie aus Argentinien nach Deutschland. Ihr Mann erhielt ein lukratives Angebot von einer deutschen Firma, um die IT-Abteilung in Deutschland zu organisieren. Ein neues Land, eine neue Sprache, eine neue Kultur – es war ein Abenteuer, das ihr Leben von Grund auf veränderte. Doch während ihr Mann in seiner Karriere aufging, stellte Jimena sich eine Frage, die tief in ihr nagte:

War das alles?

Sie wollte nicht nur „die Frau an seiner Seite" sein, nicht nur Mutter und Hausfrau. Sie wollte wachsen, sie wollte etwas Eigenes erschaffen. Mit eisernem Willen lernte sie Deutsch, absolvierte eine Ausbildung zur zahnmedizinischen Fachangestellten und erarbeitete sich eine angesehene Position. Doch etwas in ihr war bisher nicht angekommen.

Tief in ihrem Herzen brannte eine Leidenschaft, die sie nie losgelassen hatte: IT und Social Media. In Argentinien hatte sie das studiert. Es war ihr Ding. Ihr Talent. Ihr Herzschlag. Doch das Leben hatte sie auf einen anderen Pfad geführt – bis zu dem Moment, in dem sich unsere Wege kreuzten.

Über gemeinsame Freunde lernten wir uns kennen, und bereits nach wenigen Sätzen spürte ich: Diese Frau hat Feuer. Sie hat nicht nur das technische Wissen, sondern auch das Herz und die Vision, die es braucht, um wirklich etwas zu verändern. Sie erinnerte mich an mich selbst. Denn auch ich hatte mein Leben völlig umgekrempelt – vom Handwerksunternehmer zum Coach und Mentor. Und genau dieses Puzzlestück hatte mir noch gefehlt: Jemand, der meine Ideen nicht nur umsetzt, sondern sie versteht. Jemand, der mit mir gemeinsam anderen hilft, ihr Leben zu verändern.

Als sie mir erzählte, dass sie sich gerade bei einer IT-Firma beworben hatte, wusste ich: Ich darf keine Zeit verlieren. Ich lud sie zu mir ins Büro ein und sprach mit ihr über meine Vision. Sie bot mir an, mich nebenbei zu unterstützen. Doch für mich gab es nur eine Antwort:

„Jimena, ich will, dass du ganz einsteigst. Lass uns gemeinsam diesen Weg gehen. Lass uns zusammen Menschen helfen, ihr Leben zu verändern."
Sie war überrascht, wollte darüber nachdenken, mit ihrem Mann sprechen. Schon am nächsten Tag rief sie mich an. Sie hatte gekündigt.

Wow.

Das ist die Kraft von Entscheidungen.

Heute, Jahre später, kann ich mit absoluter Sicherheit sagen: Es war die beste Entscheidung, die sie hätte treffen können. Gemeinsam haben wir bereits über 200 Unternehmen auf ihren Erfolgsweg gebracht und Hunderten von Menschen durch Hypnose und NLP geholfen, ihre eigene Kraft wiederzufinden. Jimena hat nicht nur einen neuen Job gefunden – sie hat ihre Berufung entdeckt. Sie sorgt dafür, dass meine Ideen nicht nur existieren, sondern wirken. Dass sie Tiefe haben. Dass sie Menschen erreichen.

Doch was möchte ich dir mit dieser Geschichte sagen?

Du kannst jederzeit neu beginnen.

Es liegt allein an dir. Du hast zwei Optionen: Entweder gehst du den bisherigen Weg weiter und hoffst, dass sich irgendwann etwas ändert – oder du entscheidest dich bewusst für eine neue Richtung.

Glück? Zufall? Nein. Jimena hat ihre Entscheidung schon lange vor unserer Begegnung getroffen. Der Wunsch war in ihr. Sie hat ihn genährt, gefühlt, gespürt. Und dann kam der Moment, in dem sie ihn verwirklichte.

DER DOMINANTE GEDANKE, DEN DU IN DIR TRÄGST, WIRD ZU DEINER REALITÄT

Also triff Entscheidungen. Und falls du eine falsche Wahl triffst? Dann entscheide neu. Sei schnell in deinen Entscheidungen, denn dein Leben wartet nicht. Jimena und ich sind der lebendige Beweis dafür, dass ein neuer Anfang immer möglich ist – wenn du bereit bist, ihn zu wagen.

Und noch etwas: **Du musst nicht alles können.** Niemand kann das. Stattdessen umgibst du dich mit Menschen, die etwas besser können als du. Oder du eignest dir das Wissen an – durch Bücher, Seminare, Weiterbildung. Dein Wachstum ist niemals abgeschlossen.

Aber das Wichtigste: **Hör auf, perfekt sein zu wollen.** Perfektion existiert nicht. Starte lieber unperfekt, als nie zu beginnen. Denn sobald du losgehst, wirst du Tag für Tag besser. Dein Wissen wächst. Deine Fähigkeiten wachsen. Dein Selbstbewusstsein wächst.

Also freue dich auf dein Leben und beginne JETZT.

Noch ein kleiner Gedanke zum Abschluss: Das Wort „Tun" rückwärts gelesen heißt .

Und das bedeutet: **Nicht unnötig trödeln.**

Also, worauf wartest du?

Kapitel 36

DANKE UND BITTE, HALLO UND AUF WIEDERSEHEN

VIER EINFACHE WORTE, DIE DIE WELT BEDEUTEN

Nun kommt wieder meine Oma ins Spiel. Diese vier einfachen Worte – „Danke", „Bitte", „Hallo" und „Auf Wiedersehen" – haben durch sie bis heute für mich eine unglaubliche Bedeutung in meinem Leben. Jeden Tag, egal wo wir hinkamen, ob wir auf dem Markt waren oder bei der Tante zu Besuch, sagte sie immer: „Denkt dran, ihr sagt immer Danke und Bitte, Hallo und Auf Wiedersehen!" Und ich erinnere mich noch gut daran, wie ich als Kind oft genervt war. „Oma, ich weiß, jetzt hör auf, ich mache das schon!" Was sollte der ganze Kram? Lass mich doch einfach in Ruhe, das interessiert ohnehin niemanden.

Aber je älter ich wurde, desto mehr begann ich zu spüren, wie diese Worte sich tief in mein Herz eingebrannt haben und welche Kraft sie in sich tragen. Sie haben für mich etwas Magisches, etwas, das mehr ist als bloße Höflichkeit. Diese Worte spiegeln Wertschätzung, Wahrnehmung, Dankbarkeit wider – und auf eine Art und Weise, die nicht nur den anderen, sondern auch mir selbst eine besondere Wirkung verschafft.

Als ich älter wurde, verstand ich immer mehr, wie wichtig diese kleinen Gesten und Worte sind. Sie zeigen Respekt, sie öffnen Türen zu anderen Herzen. Und was mich damals als Kind noch so genervt hat, ist heute ein Teil von mir, das ich nicht mehr missen möchte. Wenn du „Danke" sagst, dann spiegelt sich darin die Anerkennung dessen, was dir gegeben wurde, sei es im kleinen oder im großen Rahmen. „Bitte" zeigt, dass du dem anderen Raum gibst, seine Entscheidung zu treffen, und dich nicht als selbstverständlich ansiehst. „Hallo" ist ein Tor zu neuen Verbindungen und „Auf Wiedersehen" lässt Raum für die Hoffnung, dass der Moment nicht der letzte war.

Es ist erstaunlich, wie viel Tiefe und Bedeutung in diesen einfachen Worten stecken. Und diese Magie, von der meine Oma sprach, ist tatsächlich real. Sie ist nicht nur eine Frage des Anstands, sondern eine Art, die Welt mit anderen Augen zu sehen – mit einem Gefühl von Dankbarkeit und Respekt.

Ich bin meiner Oma für diese Lektionen heute unglaublich dankbar. Denn sie hat mir beigebracht, dass Worte viel mehr sein können als nur Lautgebilde. Sie können Brücken bauen, Herzen öffnen und uns mit der Welt um uns herum verbinden. Sie sind kleine Schlüssel, die große Türen öffnen können – Türen zu einer besseren Welt, einer Welt voller Dankbarkeit und Menschlichkeit.

Danke, Oma. Du hast mich so viel Wertvolles gelehrt.

Kapitel 37

WER ETWAS DURCH LÜGEN ERREICHT HAT ...

... WIRD ES DURCH DIE WAHRHEIT WIEDER VERLIEREN

Es gibt Momente im Leben, in denen es verlockend erscheint, die Wahrheit zu beugen, um schneller ans Ziel zu kommen. Ein kleiner Trick hier, eine verschwiegene Wahrheit dort – und schon ist der Weg scheinbar frei. Doch was auf Sand gebaut ist, kann keinen Sturm überstehen.

Ich erinnere mich an eine bittere Erfahrung aus meiner eigenen Vergangenheit, die mir eindrücklich zeigte, wie vergänglich Erfolg sein kann, wenn er auf Lügen basiert. Ich hatte Geschäftspartner, denen ich vertraute, mit denen ich gemeinsam Pläne schmiedete und die ich für meine engsten Verbündeten hielt. Wir bauten unser Unternehmen auf, arbeiteten hart und teilten sowohl Erfolge als auch Herausforderungen.

Doch hinter meinem Rücken wurden Absprachen getroffen, Geld wurde veruntreut, und irgendwann musste ich erkennen, dass meine Partner mich hintergangen, betrogen und bestohlen hatten. Die Wahrheit kam ans Licht, als ich merkte, dass die Kassen nicht mehr stimmten, und schließlich die bittere Realität nicht mehr zu leugnen war: Ich war nicht Teil eines Teams gewesen, sondern Opfer einer Intrige.

Zunächst wollten Markus ein Partner aus der Firma und ich es nicht glauben. Wir suchten nach Erklärungen, redete mir ein, dass es Missverständnisse sein könnten. Doch als ich die Beweise nicht mehr ignorieren konnte, war der Schmerz groß. Ich hatte diesen Menschen vertraut, sie als Freunde betrachtet – und sie hatten mich für ihren eigenen Vorteil hintergangen. Der Verrat traf mich tiefer als der finanzielle Verlust. Es war nicht nur Geld, das sie mir genommen hatten, sondern auch mein Vertrauen in die Ehrlichkeit und Integrität von Geschäftspartnern.

Doch so schwer dieser Schlag auch war, er lehrte mich eine der wertvollsten Lektionen meines Lebens: Wer seinen Erfolg durch Betrug und Lügen aufbaut, wird irgendwann von der Wahrheit eingeholt. Mein Freund Markus und ich sind mit einer hohen Abfindung aus dem Unternehmen ausgeschieden. Durch ehemalige Kontakte in der Firma bekommen wir nach wie vor diese Machenschaften mit. Die Frage wird wohl sein, wie lange die Beteiligten brauchen, um die Wahrheit wirklich zu erfahren.

Sie scheinen weiterhin den gleichen Weg der Lügen zu gehen, immer auf der Suche nach neuen Wegen, sich Vorteile zu verschaffen. Doch ein solches System kann nicht ewig bestehen. Früher oder später wird alles zusammenbrechen. Die Wahrheit lässt sich nicht dauerhaft verdrängen.

Ich hingegen entschied mich für einen anderen Weg. Ich begann, auf Ehrlichkeit und Authentizität zu setzen, zog die richtigen Menschen in mein Umfeld und lernte, wie wertvoll wahre Loyalität ist. Es war ein harter, aber notwendiger Prozess, um zu verstehen, dass wahre Stärke in der Ehrlichkeit liegt.

Ehrlichkeit mag manchmal unbequem sein. Sie zwingt uns, unsere Schwächen anzuerkennen, Fehler einzugestehen und vielleicht sogar Chancen aufzugeben, die wir durch eine Notlüge leicht hätten bekommen können. Aber sie ist auch befreiend. Sie gibt uns die Sicherheit, dass das, was wir erreichen, auf echtem Vertrauen basiert. Dass die Menschen um uns herum uns nicht wegen einer Fassade schätzen, sondern dafür, wer wir wirklich sind.

Ich habe gelernt, dass wahre Stärke in der Ehrlichkeit liegt. Wer sich selbst nicht belügt, hat keine Angst, von anderen entlarvt zu werden. Wer offen seine Grenzen zeigt, zieht Menschen an, die bereit sind, gemeinsam zu wachsen. Und wer sich der Wahrheit verpflichtet, kann sich sicher sein, dass sein Erfolg Bestand hat.

Denn eines ist gewiss: Wer etwas durch Lügen erreicht hat, wird es durch die Wahrheit wieder verlieren. Doch wer durch die Wahrheit gewinnt, hat etwas geschaffen, das kein Sturm zerstören kann.

Kapitel 38

HÖRE NIE AUF, AN DICH ZU GLAUBEN

DIE FLAMME IN UNSEREN HERZEN

Es gibt etwas, das uns Menschen von Maschinen unterscheidet. Etwas, das uns antreibt, uns durchhalten lässt, selbst wenn alles gegen uns zu stehen scheint. Es ist unser Glaube. Unser Glaube an uns selbst, an unsere Träume, an das, was wir in dieser Welt erschaffen können. Es ist die unauslöschliche Flamme in unserem Herzen, die auch in den dunkelsten Zeiten brennt.

Ich erinnere mich an unzählige Momente in meinem Leben, in denen der Zweifel an meine Tür klopfte. Zeiten, in denen Rückschläge mich beinahe in die Knie zwangen. Der Schmerz war so groß, dass er mir die Luft abschnürte. Die Angst flüsterte mir zu: „Gib auf! Das ist nicht für dich bestimmt.“ Doch tief in mir gab es eine Stimme, die lauter war. Eine Stimme, die mich aufrief, weiterzumachen. Sie sagte: „Gib nicht auf. Glaube weiter. Halte fest an deiner Vision!

Mein Unterarm trägt eine klare Botschaft:
Ohne Aktion bleibt deine Vision für immer eine Illusion.

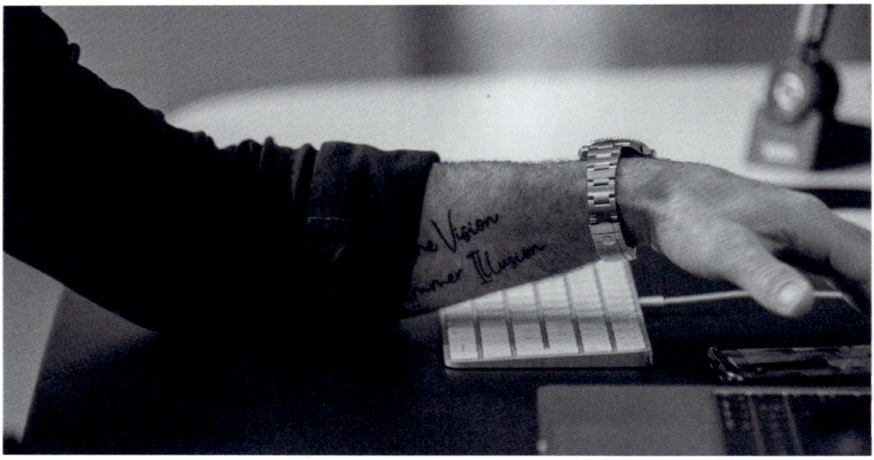

Diese Worte sind nicht nur Tinte auf meiner Haut. Sie sind mein Schwur, mein ewiger Begleiter. Jeder Blick darauf erinnert mich daran, dass Träume nur dann Wirklichkeit werden, wenn wir den Mut haben, sie zu verfolgen. Glaube allein reicht nicht. Hoffnung allein reicht nicht. Es braucht Mut. Es braucht Entschlossenheit. Und vor allem braucht es Aktion.

GLAUBE BRAUCHT BEWEGUNG

Stell dir einen Samen vor. Einen winzigen, unscheinbaren Samen, der in seiner Essenz bereits ein mächtiger Baum ist. Doch was passiert, wenn er nicht gepflanzt wird? Was passiert, wenn er nie das Licht der Sonne sieht, nie genährt wird? Er bleibt ein bloßer Gedanke, eine ungenutzte Möglichkeit. Genauso ist es mit deinen Träumen. Wenn du sie nicht mit Taten gießt, werden sie verdorren.

Ich will, dass du dir deine Träume vorstellst. Die großen, die dich nachts wach halten. Die, die dein Herz schneller schlagen lassen. Die, von denen du vielleicht niemandem erzählt hast, weil du Angst hast, dass sie zu gewaltig, zu unmöglich erscheinen. Sie sind nicht unmöglich. Sie warten nur darauf, dass du sie in die Welt bringst.

DIE MACHT DER VISIONEN

Ich erinnere mich an einen Mann, der einmal zu mir sagte: „Christian, dein Problem ist nicht, dass du keine Träume hast. Dein Problem ist, dass du sie nicht mit aller Konsequenz lebst." Dieser Satz traf mich tief. Denn genau das war es: Ich hatte Träume, Visionen, Ziele – aber ich zögerte. Ich wartete auf den perfekten Moment. Doch ich habe gelernt: Perfektion ist eine Lüge. Der perfekte Moment ist genau jetzt.

Schließe deine Augen. Stell dir dein ideales Leben vor. Spüre es, fühle es , als wärest du bereits dort. Spüre den Erfolg, das Glück, die Erfüllung. Lass es tief in dein Herz einsickern und fühle es. Und dann öffne deine Augen und frage dich: *Was werde ich heute tun, um diesen Traum wahrzumachen?*

ES GIBT KEIN ZURÜCK MEHR!

Es gibt keine Ausreden. Kein „Aber morgen". Kein „Vielleicht nächstes Jahr". Das Leben wartet nicht auf dich.

Ich habe Menschen gesehen, die mit Nichts angefangen und alles erreicht haben. Ich habe Menschen gesehen, die unermüdlich gekämpft haben, die durch Feuer und Sturm gegangen sind und am Ende triumphierten. Und ich habe Menschen gesehen, die alle Chancen hatten, doch sie ließen sie ungenutzt verstreichen. Sie warteten. Sie zögerten. Und ihre Träume starben mit ihnen.

Es gibt keine Garantie im Leben. Aber eines kann ich dir versprechen: Wenn du an deine Vision glaubst, wenn du sie mit Leidenschaft und unaufhaltsamem Willen verfolgst, wenn du sie mit deinen Händen formst, mit deinen Gedanken belebst, mit deinen Gefühlen fühlst und mit deinen Taten real werden lässt – dann wirst du Wunder erleben.

Also, worauf wartest du? Glaube an dich. Glaube an dein Potenzial. Glaube an deine Vision. Aber vor allem – komm ins Handeln. Denn ohne Aktion bleibt deine Vision für immer eine Illusion.

Kapitel 39

LOBEN, WERTSCHÄTZEN UND ANERKENNEN

DAS GEFÜHL, GESEHEN ZU WERDEN

Haben wir nicht alle als Kinder geliebt, wenn wir für etwas gelobt wurden? Dieses Glücksgefühl, wenn Mama oder Papa uns stolz anstrahlten und sagten: „Das hast du toll gemacht!" Oder die warme Umarmung der Oma, wenn wir ihr geholfen haben, den Kuchen zu backen. Vielleicht war es auch der Lehrer, der uns vor der ganzen Klasse lobte, weil wir eine besonders schöne Geschichte geschrieben hatten. Diese Momente brannten sich in unser Herz, gaben uns Kraft und das Gefühl, wertvoll zu sein.

Schon als kleines Kind erleben wir die Kraft der Anerkennung. Erinnerst du dich an den Moment, als du deine ersten Schritte gemacht hast? Immer wieder hast du es versucht, bist hingefallen und wieder aufgestanden, bis es endlich geklappt hat. Dann dieser gigantische Moment, in dem alle um dich herum klatschten, dich anfeuerten und voller Freude lobten. Diese Aufmerksamkeit, dieses Strahlen in den Augen deiner Eltern – es war magisch!

Später kam im Kindergarten das Fahrradfahren dazu. Wieder wurden wir angespornt, weiterzumachen, nicht aufzugeben, und dann, als wir es endlich geschafft hatten, war es da: das begeisterte Klatschen, das Lachen, die aufmunternden Worte. Und wir wuchsen daran! So wie eine Blume, die Wasser bekommt, erstrahlen kann, so ließ uns diese Wertschätzung wachsen.

Auch in der Schulzeit begegnete uns Anerkennung immer wieder. Sei es bei guten Zeugnissen, bei sportlichen Wettkämpfen oder bei besonderen Leistungen in der Berufsausbildung. Wer erinnert sich nicht an die Bundesjugendspiele, an die Medaillen, die voller Stolz um den Hals hingen? Diese Momente gaben uns das Gefühl, etwas Großes erreicht zu haben. Sie machten uns Mut, weiterzumachen, nicht aufzugeben, uns stetig zu verbessern.

Doch warum sollte dieses Bedürfnis nach Lob und Anerkennung mit dem Erwachsenwerden verschwinden? Im Gegenteil! Auch heute noch freuen wir uns über aufrichtige Komplimente und ehrliche Wertschätzung. Ein einfaches „Danke, dass du das übernommen hast" kann den Tag eines Menschen erhellen. Ein liebevoll gemeintes „Ich bewundere, wie du das machst" kann Motivation freisetzen, die bis tief in die Seele reicht. Wertschätzung ist wie Wasser für eine Pflanze – ohne sie verdorren wir innerlich.

Aber wann haben wir das letzte Mal bewusst einem anderen Menschen Lob geschenkt? Wann haben wir das letzte Mal aus tiefstem Herzen gesagt: „Ich bin stolz auf dich" oder „Du machst das großartig"? So oft nehmen wir Leistungen als selbstverständlich hin. Wir vergessen, wie sehr ein paar liebe Worte das Leben eines anderen bereichern können. Und nicht nur das – Lob hat eine magische Wirkung: Es verbindet Menschen, schafft Vertrauen und gibt uns das Gefühl, gesehen zu werden.

EIN BEISPIEL AUS MEINEM BERUFSLEBEN

Ich erinnere mich an einen Handwerker, den ich vor Jahren in meiner Firma hatte. Er war ein stiller, aber gewissenhafter Arbeiter. Eines Tages blieb ich einen Moment länger auf der Baustelle und sah ihm zu, wie er mit akribischer Sorgfalt seine Arbeit erledigte. Ich ging zu ihm hin, klopfte ihm auf die Schulter und sagte: „Ich sehe, wie viel Mühe du dir gibst." Das hier ist echte Meisterarbeit." Er blickte mich überrascht an, und in seinen Augen blitzte ein Strahlen auf, das ich nie vergessen werde. Später erfuhr ich, dass dieser eine Satz ihn dazu ermutigt hatte, seine eigene Firma zu gründen. Ein einfaches Lob kann eine ganze Zukunft verändern!

Doch nicht nur in der Arbeitswelt, sondern auch in unseren persönlichen Beziehungen ist Wertschätzung das Fundament für Liebe und Zusammenhalt. Wann haben wir unseren Partner oder unsere Partnerin das letzte Mal bewusst gelobt? Ein „Ich schätze es, dass du immer für mich da bist." oder „Danke, dass du mir jeden Morgen meinen Kaffee machst", kann Wunder wirken. Es sind die kleinen Gesten, die Großes bewirken.

Wertschätzung muss nicht immer in Worten ausgedrückt werden. Manchmal ist es eine liebevolle Umarmung, ein anerkennendes Nicken oder eine kleine Aufmerksamkeit. Ein selbst geschriebener Zettel mit den Worten „Du bist wunderbar" kann mehr bedeuten als ein teures Geschenk.

Doch in der schnelllebigen Zeit, in der alles immer mehr und mehr wird, geraten menschliche Verbindungen oft in den Hintergrund. Wir vergessen, wie wichtig es ist, aufeinander zu achten und uns gegenseitig wertzuschätzen. Genau deshalb trägt dieses Buch den Titel „Kannst du Mensch, bist du erfolgreich". Denn wahre Anerkennung, Lob und Wertschätzung sind die Schlüssel zu echtem Erfolg und einem erfüllten Leben.

Lasst uns also wieder bewusster loben. Lasst uns Komplimente machen, die von Herzen kommen. Lasst uns Wertschätzung zeigen, ohne eine Gegenleistung zu erwarten. Denn in einer Welt, die oft von Kritik und Hektik geprägt ist, sind ehrliche Anerkennung und warme Worte das schönste Geschenk, das wir einander machen können.

Und wenn du heute dieses Kapitel liest, dann möchte ich dir Folgendes sagen:

**Du bist wertvoll. Du bist ein Geschenk für diese Welt.
Und ich danke dir, dass du hier bist!**

Kapitel 40

ALLES, WAS DU HEUTE BIST UND BESITZT …

... IST DURCH EINEN GEDANKEN ENTSTANDEN

Alles, was du heute bist, was du hast und was du machst, ist irgendwann durch einen Gedanken entstanden. Nicht irgendein flüchtiger, beiläufiger Gedanke, sondern ein dominanter Wunsch, ein Gedanke, den du tief in dir gefühlt hast. Gedanken sind der Ursprung unserer Realität, und wenn du etwas mit voller Überzeugung und Emotion denkst, dann wird es eines Tages in dein Leben treten.

Ich erinnere mich noch genau an einen solchen Moment in meinem Leben.

Meine Frau und ich spazierten im ConneKT in Kitzingen, einem Gelände mit den alten Kasernenhäusern der ehemaligen amerikanischen Soldaten. Wir gingen von Straße zu Straße, betrachteten die Gebäude, jedes mit seiner eigenen Geschichte und seinem eigenen Charme. Plötzlich fiel uns ein bestimmtes Haus auf. Es hatte eine besondere Ausstrahlung, eine Energie, die uns sofort anzog. Neugierig gingen wir um das Gebäude herum, betrachteten es von allen Seiten, warfen Blicke durch die Fenster und standen schließlich vor der Haustür. Wir schauten uns tief in die Augen und wussten: Das ist es! Das ist das Haus für uns!

Wow, kennst du diese intensiven Gänsehaut-Momente?

Für uns war es einer, wir hatten Gänsehaut am ganzen Körper, jaaaaaaaa!!! Hier könnte meine Frau ihre Praxis für Schmerzmedizin erweitern. Hier könnte ich meine Coaching-Räumlichkeiten schaffen. Hier könnten wir Menschen helfen, sie unterstützen, sie auf ihrem Weg begleiten! Doch so sehr wir uns wünschten, dieses Haus war zu diesem Zeitpunkt belegt. Trotzdem ließ uns der Gedanke daran nicht los. Es war, als hätte dieses Haus uns gerufen, als hätte es auf uns gewartet. Aber in dem Moment mussten wir akzeptieren, dass es nicht verfügbar war.

Wir suchten weiter. Wir besichtigten viele andere Projekte, andere Gebäude, andere Möglichkeiten. Doch egal, wie schön oder vielversprechend die Alternativen auch waren, wir konnten einfach nicht sagen: „Ja, das ist es!“ Irgendetwas fehlte immer, etwas passte nicht, etwas hielt uns zurück.

Ein bis zwei Jahre vergingen. Dann, eines Tages, suchte ich erneut im Internet nach Immobilien im ConneKT. Und als ich die Anzeige sah, traute ich meinen Augen kaum: Genau dieses Haus, unser Haus, wurde angeboten!

Es war, als hätte sich das Universum verschworen, um uns genau das zu bringen, was wir uns von Herzen gewünscht hatten. Ohne Zögern griffen wir zu. Heute steht genau in diesem Haus unsere Praxis, unsere Coaching-Räumlichkeiten, unser Zentrum für Heilung, persönliche

Entwicklung und Transformation. Hier helfen wir Menschen, Schmerzen zu lindern, ein positives Mindset zu entwickeln, ihre Persönlichkeit zu stärken, ihre Firmen mit Strukturen und Prozessen auf Erfolgskurs zu bringen, ihren Umsatz zu steigern – und all das unterstützt mit Hypnose und NLP.

Dieser Moment, dieser Gedanke, war der Anfang von allem. Und heute ist es Realität.

Jetzt lade ich dich zu einer kleinen Übung ein:

Denk einmal über dein Leben nach. Wo gab es Momente, in denen du dir etwas vorgestellt, es intensiv gefühlt hast – und es dann wirklich geschehen ist? Vielleicht hast du dir einen bestimmten Job gewünscht, eine Beziehung, eine Reise, ein Haus, eine Veränderung in deinem Leben. Und irgendwann, vielleicht Monate oder Jahre später, war es plötzlich da. Genauso, wie du es dir einst ausgemalt hast.

Das ist kein Zufall. Das ist die Kraft deiner Gedanken.

Lass diese Erkenntnis in dich einsinken. Denn wenn es einmal funktioniert hat, dann funktioniert es auch wieder. Du kannst dein Leben bewusst gestalten. Du kannst mit deinen Gedanken deine Zukunft erschaffen.

Denn alles, was du heute hast, ist einmal durch einen Gedanken entstanden.

Kapitel 41

UNSERE NARBEN MACHEN UNS BESSER

NARBEN SIND DIE STILLEN ZEUGEN UNSERER GESCHICHTE

Unsere Narben erzählen von den Kämpfen, die wir gefochten haben, den Schmerzen, die wir ertragen mussten, und den Momenten, in denen wir am Boden lagen – scheinbar besiegt. Doch sie sind nicht nur Zeichen des Leids. Nein, sie sind die Symbole unserer unerschütterlichen Kraft, unseres unbändigen Willens und unseres Mutes, immer wieder aufzustehen.

Jede Narbe auf unserer Haut, jede Wunde, die in unserer Seele brennt, ist ein Beweis dafür, dass wir den Sturm überlebt haben. Sie erinnern uns an die Momente, in denen wir dachten, wir würden daran zerbrechen. Doch hier stehen wir – stärker als je zuvor.

Ich erinnere mich an eine Zeit, in der ich dachte, ich könnte nicht mehr. Ein Moment, in dem das Leben mir alles nahm, woran ich glaubte. Der Schmerz war so tief, dass ich glaubte, nie wieder atmen zu können. Doch genau in diesem Moment erkannte ich etwas Entscheidendes: Die Narben, die ich trug, machten mich nicht schwächer. Sie machten mich einzigartig.

Es ist leicht, sich zu verstecken. Es ist einfach, die Narben zu bedecken, so zu tun, als wäre nichts geschehen. Doch ist das wirklich Leben? Ist es nicht viel kraftvoller, sich der Welt so zu zeigen, wie man ist? Mit all seinen Wunden, all seinen Narben, all seinen Geschichten? Denn genau das ist es, was uns besonders macht.

Unsere Narben verleihen uns Tiefe.

Sie machen uns zu Menschen mit Geschichte, mit Erfahrung, mit echtem Leben. Stell dir vor, du begegnest jemandem, der niemals gescheitert ist, niemals gefallen, niemals verletzt wurde. Klingt das nach jemandem, der wirklich lebt? Oder klingt es eher nach einer leeren Hülle, die noch nie die Intensität des Lebens gespürt hat? Wahre Stärke kommt nicht aus Perfektion. Wahre Stärke entsteht dort, wo wir gebrochen wurden und uns selbst wieder zusammengesetzt haben.

Also verstecke dich nicht. Zeige deine Narben. Trage sie mit Stolz. Denn sie sind die Beweise dafür, dass du gekämpft hast, dass du durch die Dunkelheit gegangen bist und dennoch das Licht gefunden hast. Deine Narben machen dich nicht weniger wertvoll – sie machen dich einzigartig.

Lass sie sprechen. Lass sie deine Geschichte erzählen. Und vor allem: Lass sie dich daran erinnern, wie stark du wirklich bist. Denn eines ist sicher:

Wer Narben hat, hat gelebt. Und wer sie mit Stolz trägt, wird die Welt mit einer Kraft betreten, die nichts und niemand mehr brechen kann.

Kapitel 42

SCHNELLIGKEIT ERLEICHTERT ALLES

... UND ZAUBERT DIR EIN LÄCHELN INS GESICHT

Sicherlich hast du schon erlebt, dass dich jemand auf einmal mit deiner eigenen Idee überholt hat. Warum ist das so? Er hat nicht gezögert oder ewig nachgedacht, sondern einfach gemacht. Während du noch gegrübelt hast, hat er gehandelt und somit den entscheidenden Vorsprung gewonnen.

Stell dir vor, du stehst an der Schwelle einer Entscheidung. Dein Herz klopft, dein Kopf arbeitet auf Hochtouren.

Mach ich es? Warte ich noch? Ist es der richtige Zeitpunkt?

Und während du dich noch im Kreis drehst, verstreicht der Moment – und mit ihm die Möglichkeit.

Doch was, wenn du anders handeln würdest? Was, wenn du dich mit einer Klarheit und Entschlossenheit bewegst, die dich nach vorne katapultiert?

Es gibt drei einfache Entscheidungsmuster. Verinnerliche sie, lebe sie – und dann leg los ...

1. Mache es jetzt sofort – jetzt, sofort, heute!
2. Nicht sofort? Dann setze einen Termin und halte dich daran!
3. Oder lass es ganz bleiben – aber dann verabschiede dich bewusst davon.

Hast du schon einmal bemerkt, dass das ewige hin und her Überlegen deine Energie regelrecht auffrisst? Dass es dich mehr Kraft kostet, in der Unentschlossenheit zu verweilen, als eine klare Entscheidung zu treffen? Die meisten Menschen haben in ihrem Kopf eine mentale Schublade, die nur dazu da ist, Zweifel und Unsicherheiten zu horten. Jeden Tag rattert sie unaufhörlich: Soll ich? Soll ich nicht? Ist es richtig? Was, wenn es schiefgeht?

Verdammt, hör auf damit!

Lerne, sofort zu entscheiden. Wenn du dich für etwas entscheidest, dann erledige es sofort! Wenn nicht, dann streiche den Punkt – aber leg ihn nicht irgendwo ab, wo er langsam zu einem unsichtbaren Gewicht heranwächst, das dich innerlich belastet.

Schnelligkeit ist der Schlüssel! Schnelligkeit in deinem Denken, in deinem Handeln, in deinem gesamten Leben. Warum? Weil wir Menschen eine fatale Angewohnheit haben: Aufschieberitis. Wir schieben, verschieben, warten auf den „perfekten Moment". Doch dieser perfekte Moment wird niemals von selbst kommen. Er ist nicht da draußen – er ist genau jetzt, in diesem Augenblick!

Sobald du verinnerlichst, dass Schnelligkeit in jeder verdammten Lebenslage der Schlüssel ist, wirst du spüren, wie dein Leben leichter wird. Du wirst bemerken, dass Erfolg zu dir kommt – nicht, weil du glücklich wartest, sondern weil du handelst.

Also: Entscheide dich. Handle. Und fühle das Lächeln auf deinem Gesicht, wenn du erkennst, wie viel müheloser und freudiger das Leben sein kann, wenn du es nicht auf später verschiebst!

JETZT ist der Moment – nicht morgen, nicht nächste Woche. Jetzt!

Kapitel 43

WENN DU NOCH KEINE MARKE BIST

... GEHT ES WAHRSCHEINLICH BEI DIR IMMER UM DEN PREIS

Stell dir vor, du hast monatelang an einem Angebot gearbeitet. Du hast es perfekt ausgearbeitet, du hast Herzblut investiert – und dann kommt dieser Moment: Der potenzielle Kunde fragt dich nicht nach deinem Wissen, Können oder Engagement. Nein, er fragt: „Was kostet es?"

Und dann passiert das, was immer passiert: Er vergleicht. Und plötzlich bist du nicht mehr du. Du bist nur noch eine Nummer. Ein Preis. Eine Position in einer Excel-Tabelle. Und wenn jemand anderes es günstiger anbietet, dann war's das. Wieder ein Auftrag verloren. Wieder dieses nagende Gefühl, nicht gut genug zu sein. Wieder diese leise Stimme in dir, die fragt:

„Warum passiert das immer mir?"

Und weißt du, was noch schlimmer ist? Deine kostbare Lebenszeit hast du in ein Angebot gesteckt, aus dem nichts geworden ist, und diese wertvolle Zeit bekommst du nicht mehr zurück. Du hast wieder mal für einen Mitbewerber die perfekte Vorarbeit geleistet.

Die Antwort ist brutal einfach:
Das passiert, weil du noch keine Marke bist!

MARKEN VERKAUFEN NICHT, MARKEN WERDEN GEKAUFT!

Wenn du eine Marke bist, dann fragt niemand mehr nach deinem Preis. Nein, dann fragen sie nach D I R! Nach deiner Persönlichkeit. Nach dem, was du ausstrahlst. Dann vergleicht dich keiner mehr mit anderen – weil du einzigartig bist. Und dann passiert etwas Magisches:

Der Preis wird zur Nebensache.

Schau dir große Marken an. Warum zahlen Menschen ein Vermögen für eine Rolex, obwohl sie die Zeit auch für ein Zehntel des Preises ablesen könnten? Warum fahren Menschen hunderte Kilometer für ihren Lieblingsfriseur, obwohl es doch überall Friseure gibt? Weil sie keine Dienstleistung kaufen. Sie kaufen ein Gefühl. Eine Erfahrung. Eine Identität.

Und genau das musst du erschaffen – eine Identität. Deine Identität. Deine Marke.

Eine Marke ist nicht einfach nur ein Logo oder ein schicker Slogan. Eine Marke bist DU. Deine Geschichte. Deine Werte. Deine Worte. Deine Ausstrahlung. Das, was du in anderen Menschen auslöst, wenn sie mit dir arbeiten. Wenn sie über dich sprechen. Wenn sie dich weiterempfehlen.

Du kannst dich heute entscheiden. Entweder bleibst du ein Preis. Oder du wirst eine Marke.

Aber sei dir einer Sache bewusst: Eine Marke zu sein bedeutet nicht nur, sichtbar zu sein. Es bedeutet, spürbar zu sein. Deine Kunden sollen nicht nur sehen, was du tust – sie sollen fühlen, wer du bist.

Das erfordert Mut. Den Mut, dich zu zeigen. Den Mut, dich nicht mehr hinter dem Preis zu verstecken. Den Mut, zu sagen: „Das bin ich. Und das ist mein Wert."

Bist du bereit? Dann fang heute an. Mach dein Unternehmen, mach dich selbst zur Marke. Werde unersetzbar. Werde außergewöhnlich im Tun und Handeln, somit kann dich niemand mehr ignorieren! Und erlebe, wie sich plötzlich alles verändert.

Kapitel 44

EINE WAHRE GESCHICHTE

WAS MIR IM E-CENTER AN DER KASSE PASSIERT IST

Ich möchte dir eine wahre, tieftraurige Geschichte erzählen, die mich bis ins Mark erschüttert hat - und mir dennoch am Ende eine wertvolle Lektion erteilte.

Es war vor einiger Zeit, an einem Wochenende, als sich diese Szene in einem Einkaufscenter abspielte. Ich stand an der Kasse, vor mir eine Frau mittleren Alters mit einem kleinen Mädchen, vielleicht acht Jahre alt. Die Frau hatte einige Lebensmittel auf das Förderband gelegt: eine Pizza, frisches Obst, Frischwurst und ein gefrorenes Huhn.

Der Monat neigte sich dem Ende zu, und während sie ihre Bankkarte durch das Terminal zog, stockte der Zahlungsprozess. Die Kasse piepte ablehnend. Die Frau versuchte es erneut, doch wieder erschien die ernüchternde Nachricht: Zahlung nicht möglich.

In diesem Moment veränderte sich die Atmosphäre. Die Frau begann, leise seufzend, ein Produkt nach dem anderen zur Seite zu legen. Erst die Frischwurst, dann das Obst, schließlich auch die Pizza. Zurück auf dem Band blieb nur noch das gefrorene Huhn.

Ich sah, wie sie hastig versuchte, ihre Emotionen zu verbergen, doch in ihrem Gesicht stand die Scham geschrieben. Ihr Blick wich den Blicken der Umstehenden aus, während ihre Hände fahrig an ihrem Mantel nestelten. Doch das, was mich am meisten traf, war das kleine Mädchen neben ihr. Ihre großen Augen füllten sich mit Tränen, während sie still mit ansah, wie fast alles, was ihre Mutter für das Wochenende eingekauft hatte, wieder verschwand. Sie sagte kein Wort, doch ihre zitternde Unterlippe und das schluchzende Einziehen der Luft ließen keinen Zweifel daran, wie sehr es ihr das Herz brach.

In diesem Moment konnte ich nicht anders. Mein Magen zog sich zusammen, und eine Welle der Betroffenheit rollte über mich hinweg. Ich trat einen Schritt nach vorn, legte sanft meine Hand auf den Tresen und sagte mit fester Stimme: „Bitte nehmen Sie alles mit auf meine Rechnung."

Die Frau drehte sich zu mir um, ihre Augen weiteten sich vor Erstaunen. „Das kann ich nicht annehmen", flüsterte sie heiser, doch ich schüttelte lächelnd den Kopf. „Alles gut, wirklich. Das kommt von Herzen. Gönnen Sie sich und Ihrer Tochter ein schönes Wochenende."

Tränen traten ihr in die Augen. Sie brachte kaum ein „Danke" über die Lippen, während die Kassiererin still nickte und die restlichen Waren über den Scanner zog. Ich sah, wie das Mädchen mich mit einem leichten Lächeln ansah, die Tränen noch in den Augen, doch nun mit einem Schimmer von Hoffnung.

Währenddessen konnte sich die Kassiererin ein blödes Grinsen nicht verkneifen, hinter mir tuschelten einige Leute leise. Ich konnte spüren, dass sie die Situation nicht wirklich verstanden oder vielleicht einfach nur abgestumpft waren gegenüber solchen Momenten. Doch das war mir egal. Mir ging es nur um die Frau und ihr Kind.

Diese Szene hat mich lange beschäftigt. Sie hat mich daran erinnert, wie viele Menschen in unserer Gesellschaft täglich kämpfen. Alleinerziehende Mütter und Väter, Rentner, die Deutschland mit aufgebaut haben und nun Flaschen sammeln müssen, um über die Runden zu kommen. Es ist ein Wahnsinn, der uns oft verborgen bleibt, weil wir in unserer eigenen Welt gefangen sind.

Was wäre, wenn wir einfach einmal innehalten? Wenn wir uns besinnen auf das, was wirklich zählt?

Gesundheit. Mitmenschlichkeit. Liebe.

Wir alle haben eine Verantwortung, unseren Mitmenschen gegenüber. Manchmal sind es nicht nur materielle Dinge, die helfen. Manchmal reicht ein aufbauendes Wort, ein Lächeln, eine ehrliche Geste der Wertschätzung.

Denk einmal darüber nach: Ein Luftballon, den du aus der Tüte nimmst, ist schlaff und unscheinbar. Doch wenn du ihn mit Luft füllst, zeigt er seine wahre Größe und Schönheit. Genauso ist es mit unseren Worten. Positive, aufbauende Worte füllen Menschen mit Kraft, während negative, abwertende Worte ihnen die Luft nehmen und sie klein und unsicher machen.

Am Ende des Tages sind es nicht unsere Besitztümer, die zählen, sondern die Momente, in denen wir einander geholfen haben, ein Stück glücklicher zu sein.

Lass uns ein wenig mehr Luft in die Welt pusten. Lass uns Menschen groß machen, anstatt sie kleinzuhalten. Lass uns die Welt gemeinsam ein wenig heller machen.

Kapitel 45

ICH BIN NICHT GUT GENUG

Halt! Stopp! Du bist dermaßen gut genug! Du bist mehr als genug! Du bist einzigartig, besonders und einmalig auf dieser Welt. Du glaubst gar nicht, wie großartig genug du bist! Und das ist die Wahrheit.

Wir Menschen neigen dazu, uns kleinzumachen. „Ich muss erst nachdenken – ich muss noch mein Umfeld fragen." Wir denken, wir müssten erst noch mehr lernen, mehr leisten, mehr tun, um „gut genug" zu sein. Aber wer bestimmt eigentlich, wann du gut genug bist? Wo ist die Messlatte? Wer hat sie aufgestellt?

Ich sage dir: Du bist längst genug.

Weißt du, du hast doch dein Leben lang an das Christkind geglaubt. Du hast daran geglaubt, dass Wunder geschehen können. Warum fängst du nicht endlich an, an dich selbst zu glauben? Realität ist verhandelbar! Das, was du für wahr hältst, bestimmt dein Leben. Also warum nicht daran glauben, dass du absolut gut genug bist? Warum nicht daran glauben, dass du alles erreichen kannst?

Und wenn du jetzt denkst: „Aber ich kann das nicht ... ich bin nicht gut genug ...", dann lass mich dich an etwas erinnern. Als du auf die Welt kamst, konntest du nichts. Gar nichts.

Du konntest nicht essen. Du konntest nicht sprechen. Du konntest nicht laufen. Und weißt du, was du gemacht hast? Du hast gelernt. Schritt für Schritt. Mit jedem Tag. Mit jeder Erfahrung. Du bist gefallen, vielleicht so heftig, dass die Welt für einen Moment stillzustehen schien. Dein kleines Herz klopfte schneller, Tränen füllten deine Augen und du hast den Schmerz gespürt – nicht nur in deinen aufgeschlagenen Knien, sondern tief in deiner Seele. Doch dann war da diese warme, tröstende Hand. Deine Oma, Opa oder deine Mama und Papa beugte sich zu dir herunter, strich sanft über dein Gesicht, wischte deine Tränen fort und flüsterte liebevolle Worte, die dir Mut machten. Und genau in diesem Moment hast du dich entschieden: Du hast tief durchgeatmet, dich aufgerichtet und bist weitergegangen – mit neuer Kraft, mit neuer Zuversicht. Und du hast es geschafft. Du hast es einfach getan. Bis du es konntest.

Und jetzt? Jetzt isst du. Jetzt sprichst du. Jetzt läufst du. Und das alles ist für dich selbstverständlich geworden.

Also, warum solltest du jetzt plötzlich nicht gut genug sein? Warum solltest du zweifeln, wo du doch schon so viele Hürden gemeistert hast?

Achtung, jetzt kommt der ultimative Beweis: Von circa 40 Millionen Spermien wurdest genau du „reingelassen", um die Eizelle zu befruchten. Schon bevor du das Licht der Welt erblickt hast, hast du dich „durchgesetzt". Du bist einzigartig. Du bist ein Wunder. Das bist du!

Also lass dein Licht leuchten! Geh raus und mach dein Ding! Stehe für dein Leben ein! Lass dich nicht von Selbstzweifeln aufhalten! Du bist hier, weil du etwas bewirken kannst. Weil du etwas bewegen kannst. Weil du besonders bist.

Und wenn dich jemand fragt: „Bist du gut genug?“, dann antworte laut und stolz:

JA, ich bin mehr als gut genug!
Ganz genau, das bist du. Und das wirst du immer sein.

Kapitel 46

BREAK YOUR LIMITS

AB JETZT GIBT ES KEINE LIMITS MEHR!

Stell dir vor, du stehst auf einer Klippe. Der Wind bläst dir ins Gesicht, du atmest tief ein, dein Herz klopft. Vor dir liegt die unendliche Weite. Du hast zwei Möglichkeiten: Zurückgehen, wo es sicher, aber eintönig ist, oder springen – ins Unbekannte, ins Abenteuer, in deine grenzenlose Kraft.

Und genau hier, genau jetzt, entscheidest du dich: Du SPRINGST!

Denn du möchtest der oder diejenige sein, die diesen Sprung gewagt hat, damit deine Kinder und deren Kinder irgendwann mal auf die Ahnentafel deuten und sagen können, der oder die ist gesprungen!

Dieses Kapitel ist nicht einfach nur ein weiterer Abschnitt in einem Buch. **Es ist ein Aufruf an dich!** Ein Ruf, der dich wachrüttelt, der dir zuruft:

Lass los! Befreie dich! Geh den Weg, der dich unaufhaltsam macht!

Deine Zweifel, deine Ängste, deine inneren Blockaden – sie haben KEINE MACHT mehr über dich!

Ab jetzt bestimmst du die Regeln.
Spüre die Energie, die dich fliegen lässt!

Du hast dich entschieden, dieses Buch in die Hand zu nehmen, zu lesen, zu studieren. **Warum? Weil du spürst, dass mehr in dir steckt. Viel mehr!** Du wirst eine Energie verspüren, die dich auflädt, dich antreibt, dich in einen unaufhaltsamen Flow-Zustand versetzt.

Du wirst größer, stärker, schneller – du wirst UNAUFHALTSAM!

Widerstandsfähigkeit beginnt im Kopf. Dein Glaube an dich selbst ist der Schlüssel, der jede verschlossene Tür öffnet. Und wie sagt man so schön? **Glaube versetzt Berge!**

Doch es ist nicht nur Glaube – **es ist absolute Überzeugung. Es ist das Wissen, dass du ALLES erreichen kannst, wenn du es wirklich willst! Nicht irgendwann. JETZT!**

Stell dir vor, du würdest aufhören, an deinen Zweifeln festzuhalten. Wie würde dein Leben dann aussehen? Wer wärst du, wenn du deine Ängste einfach loslassen würdest? Was würdest du tun, wenn du genau wüsstest, dass du nicht scheitern kannst? Spürst du es? Diese Kraft? Dieses Feuer in dir?

VOLLE MOTIVATION IN JEDER LEBENSLAGE!

Kennst du diese Tage, an denen nichts funktioniert? Vergiss sie! Von heute an gibt es sie nicht mehr! Warum? Weil du jeden Tag in deinen perfekten Tag verwandeln kannst.

Wie? Mit deiner Entscheidung!

- Probleme? Sie machen dich stärker!
- Fehler? Sie bringen dich weiter!
- Misserfolge? Sie sind deine größten Lehrer!

Jeder Tag ist eine neue Chance. Nutze sie! JETZT!

SPRENGE ALLE GRENZEN UND ERLEBE DEINE WAHRE FREIHEIT

Bist du bereit, ALLE Ketten zu sprengen? Stell dir vor, du bist frei von Ängsten, frei von Zweifeln, frei von Belastungen. Dein Geist ist klar, dein Herz voller Mut, dein Körper voller Energie! Und nicht nur das – du bist auch finanziell frei! Weil du verstanden hast:

Du selbst bist der Schlüssel zu deinem Erfolg!

Erfolg beginnt mit dem ersten Schritt. Und dann mit dem nächsten. Und dann gehst du weiter – ohne Angst, ohne Zögern, voller Kraft. Jeder Schritt nach vorne bringt dich deinem Traum näher. Du darfst träumen – aber noch wichtiger: Du darfst HANDELN!

Du möchtest lachen? Dann lache! Lass dein Lachen durch deinen Körper fließen, spüre, wie es deine Energie hebt, wie es dich stark macht.

Du möchtest leben? Dann lebe! Atme tief ein, spüre dein Herz schlagen, erkenne, dass dieses Leben nur darauf wartet, von dir mit Freude und Intensität gefüllt zu werden.

Du möchtest lieben? Dann liebe! Liebe dich selbst. Liebe deine Visionen. Liebe den Weg, den du gehst. Liebe das Leben mit jeder Faser deines Seins!

Niemand hält dich auf – es sei denn, DU lässt es zu!

WERDE UNÜBERSEHBAR!

Willst du ein Leben, das außergewöhnlich ist? Dann sei außergewöhnlich!

- Sei mutig, wo andere zögern.
- Sei laut, wo andere schweigen.
- Sei aktiv, wo andere nur träumen.

Zeig der Welt, wer du bist. Zeig ihr, dass du nicht bereit bist, dich mit Mittelmäßigkeit zufriedenzugeben. Zeig ihr, dass du deine Grenzen sprengst, dass du wächst, dass du brennst!

Menschen ignorieren das Gewöhnliche – aber sie KÖNNEN Exzellenz nicht übersehen! Mach dein Tun und Handeln so kraftvoll, so beeindruckend, dass du nicht mehr ignoriert werden kannst!

Dein neues Leben beginnt JETZT!

Stell dir dein perfektes Leben vor. Nicht morgen. Nicht irgendwann. JETZT!

Wie fühlt es sich an, in absoluter Freiheit zu leben? Welche Menschen sind um dich? Was tust du jeden Tag?

Fühle es! Sehe es! Höre es! Lebe es!

Die Entscheidung liegt bei dir. Lass nicht zu, dass deine Träume, Träume bleiben. Erwecke sie zum Leben, indem du JETZT losgehst. Ohne Wenn und Aber. Ohne Ausreden. Ohne Zögern.

SPRINGE! LEBE! ERSCHAFFE!

Und sieh zu, wie sich die Welt nach deinen Regeln dreht.

**Du hast dich entschieden, dieses Buch zu lesen.
Also warte nicht: LEG JETZT LOS!**

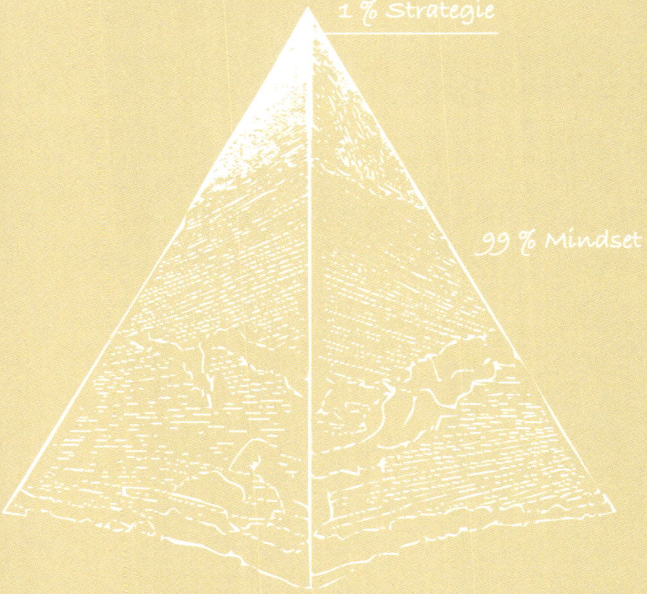

Kapitel 47

ERFOLG IST 1 % STRATEGIE UND 99 % MINDSET

ERFOLG BEGINNT IN DEINEM KOPF

Jeder spricht von Zielen. Jeder redet davon, was er erreichen will, was er sich wünscht, welche Träume er hat. Doch die wenigsten handeln. Warum? Weil sie sich selbst im Weg stehen. Weil sie zweifeln. Weil sie warten. Warten auf den perfekten Moment, den perfekten Plan, die perfekte Gelegenheit. Doch hier ist die Wahrheit:

Dieser perfekte Moment wird niemals kommen.

Die Menschen, die erfolgreich sind, haben keine magische Strategie, die andere nicht kennen. Sie haben kein Geheimwissen, das sie zu ihrem Ziel führt. Sie haben ein anderes Mindset. Sie handeln. Sie tun das, was getan werden muss, ohne darauf zu warten, dass sich alles perfekt anfühlt. Denn Perfektion ist eine Illusion.

Erfolg ist 99 % Mindset: Wenn du glaubst, dass du es schaffst, wirst du Wege finden. Wenn du daran zweifelst, wirst du Ausreden finden. Es gibt keine Grauzone dazwischen. Entweder du tust es – oder du tust es nicht. So einfach ist das.

Stell dir vor, dein Ziel ist bereits Realität. Fühle es. Sieh es vor dir. Spüre, wie es sich anfühlt, wenn du es erreicht hast. Wenn du dein Ziel in deinem Geist halten kannst, wird es realer. Doch hier ist der entscheidende Punkt: Das allein reicht nicht! Es ist nicht genug, nur daran zu glauben – du musst handeln. Du musst loslegen, wenngleich du Angst hast. Obwohl du nicht weißt, ob es klappt. Selbst, wenn du zweifelst. Der einzige Weg, Zweifel zu besiegen, ist ins Tun zu kommen.

Die meisten Menschen bleiben stecken, weil sie immer noch denken, dass sie mehr wissen müssen, bevor sie starten, und dass sie noch eine zusätzliche Qualifikation brauchen. Noch mehr Bestätigung. Noch mehr Zeit. Doch die Wahrheit ist: Du wirst es nie wissen, wenn du nicht einfach beginnst.

**Diejenigen, die wirklich erfolgreich sind,
sind nicht schlauer oder talentierter als du –
sie sind einfach entschlossener.**

Negative Gedanken sind tödlich. Was die meisten Menschen nämlich immer noch nicht verstehen, ist, dass ihr Leben das Resultat ihrer Gedanken ist. Kein Ereignis, keine äußere Kraft und kein anderer Mensch kann dir so sehr schaden wie deine eigenen Gedanken. Aber hier liegt auch die größte Chance, weil es gibt nichts auf der Welt, nichts, das dich so sehr heilen, aufbauen und vor allem wachsen lassen kann wie deine eigenen Gedanken. Deine Gedanken sind entweder dein schärfster Gegner oder deine mächtigste Waffe.

Wenn du dich also immer noch fragst, ob du bereit bist, dann sage ich dir: **Wenn du heute nicht startest, wirst du es wahrscheinlich niemals tun.** Denn wer ewig nachdenkt, entscheidet sich unbewusst dagegen. Also sei ehrlich zu dir selbst. Willst du es wirklich? Oder gefällt dir nur die Vorstellung davon?

Mach, was nötig ist. Handle, als wäre es schon deins. Verinnerliche es. Lebe es. Und dann setze es um – Tag für Tag, Schritt für Schritt. Erfolg ist keine Frage der perfekten Strategie. Erfolg ist eine Entscheidung. Und diese Entscheidung triffst du jetzt.

MINDSET IST WIE EIN MUSKEL – TRAINIERE IHN TÄGLICH

Erinnerst du dich an den ersten Tag im Fitnessstudio? Vielleicht warst du unsicher, vielleicht hast du schnell gemerkt, dass dein Körper nicht so stark oder ausdauernd war, wie du dachtest. Doch mit jedem Training wurdest du fitter, stärker, selbstbewusster.

**Warum trainierst du deinen Körper,
aber nicht deine Gedanken?**

Wir gehen selbstverständlich ins Fitnessstudio, um Muskeln aufzubauen, Fett zu verbrennen und uns wohlzufühlen. Wir investieren Zeit und Disziplin, um unseren Körper in Form zu bringen. Doch wir trainieren meistens vom Hals abwärts – aber nur selten vom Hals aufwärts. Unser wichtigster Muskel – unser **Gehirn**, unser **Mindset** – bleibt oft untrainiert. Warum?

MEIN PERSÖNLICHER WEG

Lange Zeit habe ich geglaubt, dass Erfolg aus Wissen, Talent oder Glück besteht. Doch das ist ein Irrtum. Erfolg entsteht durch eine einzige Sache: **Umsetzen!**

Früher habe ich mich oft gefragt: „Warum klappt es bei anderen, aber nicht bei mir?" Ich habe Seminare besucht, Bücher gelesen, doch nichts hat sich verändert. Bis ich verstanden habe: **Mein größtes Hindernis war mein eigenes Denken.**

Also habe ich angefangen, mein Mindset zu trainieren – so wie meine tägliche Körperpflege. Ich putze mir die Zähne, ich dusche, ich style mich – warum also nicht auch meine Gedanken pflegen?

Jeden Tag habe ich bewusst positive Gedanken trainiert, meine inneren Zweifel hinterfragt und mich auf Lösungen fokussiert. Mit der Zeit wurde es zur Routine, genauso wie das morgendliche Zähneputzen. Und dann geschah etwas Magisches: **Der Erfolg kam!**

DEIN TÄGLICHES MINDSET-TRAINING

Stell dir vor, dein Mindset ist ein Muskel. Wenn du ihn nicht trainierst, bleibt er schwach. Doch wenn du ihn täglich stärkst, wird er zu deiner größten Kraftquelle. Hier sind ein paar einfache Übungen für dein tägliches Training:

1. **Morgens positive Gedanken setzen:** Noch bevor du aufstehst, frage dich: „Wofür bin ich heute dankbar? Was wird heute großartig?"
2. **Bewusst negative Gedanken stoppen:** Jedes Mal, wenn du dich erwischst, wie du zweifelst oder dich klein machst – halte inne! Ändere deinen Fokus: „Was kann ich jetzt tun?"
3. **Visualisieren:** Stell dir deinen Erfolg bildlich vor. Wie fühlt es sich an? Was siehst, hörst, riechst, schmeckst, fühlst du?
4. **Handeln!** Erfolg kommt nicht vom Warten. Triff eine Entscheidung und setze sie um – sofort!

Wenn du das täglich machst, verspreche ich dir: **Erfolge werden kommen.** Nicht, weil du Glück hast. Nicht nur, weil du talentiert bist. Sondern weil du tust.

Also – **wann startest du dein Mindset-Training?**

Kapitel 48

EIN EHRLICHES KOMPLIMENT ENTFACHT ENERGIE IN DIR

DIE MAGIE DER SELBSTHYPNOSE BEI SCHMERZEN

Der Tag begann mit Schmerzen. Am Vortag war mir etwas in den Rücken geschossen, und Sus hatte mich in ihrer Praxis für Schmerztherapie behandelt. Doch über Nacht wurden die Schmerzen nochmal stärker, und am Morgen lag ich da – gefangen in diesem stechenden Schmerz. Auf einer Skala von 1 bis 10 war es eine glatte 8. Ich wusste, dass ich etwas tun musste. Also setzte ich mich hin, schloss die Augen und begann mit einer Selbsthypnose, kombiniert mit NLP. Ich visualisierte die Schmerzen, nahm sie wahr, lenkte sie um, ließ sie verblassen. Langsam, Stück für Stück. Als ich meine Augen wieder öffnete, war der Schmerz bei 2. Das war der Moment, in dem ich wusste: Ich kann joggen gehen.

Auf meiner Joggingrunde begegne ich oft den gleichen Menschen. Manche grüße ich beiläufig, andere erkenne ich kaum, doch ein Mann fiel mir immer besonders auf. Seine Ausstrahlung war außergewöhnlich, sein Lächeln ehrlich und seine positive Art fast schon ansteckend. Jedes Mal, wenn ich ihn sah, spürte ich diese besondere Energie, die ihn umgab. Wir hatten uns schon einmal ein frohes neues Jahr gewünscht, ein paar Worte über Gesundheit und Glück gewechselt – aber mehr war es bisher nicht gewesen.

An diesem Tag, an dem mein Schmerz mich fast vom Laufen abgehalten hätte, entschied ich mich, ihm das zu sagen, was mir jedes Mal auffiel. Ich stoppte, sah ihn an und sagte mit voller Aufrichtigkeit:
„Ich freue mich jedes Mal, wenn ich Sie sehe. Ihre Ausstrahlung, Ihr Lachen, Ihre Energie – wow! Sie sind für jeden, der Ihnen begegnet, eine absolute Bereicherung."

Er lächelte mich an, sein Gesicht strahlte noch mehr als sonst. Dann sagte er: „Mir geht's so gut. Ich fühle mich großartig und genieße es einfach, an der frischen Luft Energie zu tanken." Wir tauschen den Namen aus, ab diesem Tag wusste ich, dass er Ernst heißt!

In diesem Moment geschah etwas Magisches. Als ich weiterlief, durchströmte mich eine Kraft, die ich kaum beschreiben kann. Es war, als hätte sich eine Tür geöffnet, durch die pure Energie in meinen Körper strömte. Mein Tempo wurde schneller, mein Atem leichter. Der Schmerz? Weg. Nicht mehr existent. Ich lief und lief – am Ende waren es 15 Kilometer.

Und genau da wurde mir bewusst, welche Macht ein ehrliches, aus tiefstem Herzen kommendes Kompliment hat. Nicht nur für denjenigen, der es empfängt, sondern auch für denjenigen, der es gibt. Es ist, als würde man eine Welle der positiven Energie in Gang setzen, die sich nicht mehr aufhalten lässt.

Ein ehrliches Kompliment entfacht eine Energie in dir, die dich über dich selbst hinauswachsen lässt. Probiere es aus!

Kapitel 49

HÖR AUF, NUR DIE DINGE ZU SEHEN, DIE DU NICHT HAST!

SIEH DIE DINGE, DIE DU HAST UND NOCH MÖCHTEST

Wie oft erwischen wir uns dabei, auf das zu schauen, was fehlt? Das schicke Auto, das wir nicht haben. Die perfekte Beziehung, die wir uns wünschen. Der berufliche Erfolg, der noch aussteht. Das Geld, das wir gerne verdienen würden. Wir lassen uns von diesem Mangeldenken auffressen und vergessen dabei völlig, was wir bereits besitzen.

Aber was, wenn wir unsere Perspektive umdrehen? Was, wenn wir uns auf das konzentrieren, was wir haben – und noch weiterwachsen wollen?

Stell dir dein Leben wie einen Garten vor. Wenn du ständig nur auf die kahlen Stellen siehst, verpasst du die prachtvollen Blumen, die bereits blühen. Die Aufmerksamkeit, die du dem Mangel schenkst, ist wie Unkraut – es wuchert und nimmt dir die Sicht auf das Schöne. Doch wenn du deinen Fokus auf das richtest, was du bereits hast, und gleichzeitig mit Begeisterung auf das schaust, was du noch erschaffen willst, dann wird dein Garten in voller Pracht erblühen.

DER UNTERSCHIED ZWISCHEN MANGELDENKEN UND WACHSTUMSDENKEN

Menschen, die sich im Mangeldenken befinden, äußern:
- „Ich habe nicht genug Geld."
- „Ich bin nicht gut genug."
- „Ich bin beruflich nicht dort, wo ich sein möchte."
- „Ich werde es niemals schaffen."

Menschen mit Wachstumsdenken hingegen sagen:
- „Ich habe heute genug und arbeite daran, mehr zu erschaffen."
- „Ich entwickle mich weiter, jeden Tag."
- „Mein beruflicher Erfolg ist ein Prozess, den ich aktiv gestalte."
- „Ich bin auf dem Weg zu meinem Ziel."

Merkst du den Unterschied? Das eine blockiert dich, das andere treibt dich voran. Je häufiger du deine Gedanken auf das Wachstum richtest, desto stärker wirst du – Du kannst dein Mindset trainieren wie einen Muskel (siehe Kapitel 47!).

DEINE GEDANKEN ERSCHAFFEN DEINE REALITÄT

Worauf du deine Aufmerksamkeit richtest, bestimmt, was du in dein Leben ziehst. Wenn du nur auf das schaust, was dir fehlt, wirst du nie zufrieden sein. Doch wenn du erkennst, was du bereits besitzt, und dir gleichzeitig klarmachst, was du noch erschaffen willst, dann beginnst du, bewusst deine Zukunft zu gestalten.

Mach dir jeden Tag bewusst:

- **Was habe ich bereits, das wertvoll ist?** (Deine Fähigkeiten, dein Wissen, deine Erfahrungen, dein Umfeld, dein beruflicher Fortschritt)
- **Was möchte ich noch in mein Leben ziehen?** (Neue Chancen, Wachstum, finanziellen Erfolg, berufliche Weiterentwicklung, Gesundheit, Liebe)
- **Wie kann ich heute einen Schritt in diese Richtung gehen?** (Kleine Handlungen führen zu großen Veränderungen)

DIE KRAFT DER DANKBARKEIT

Dankbarkeit ist das beste Mittel gegen Mangeldenken. Setz dich jeden Morgen hin und notiere dir drei Dinge, für die du dankbar bist. Spüre die Freude und Wertschätzung dafür. Denn was du wertschätzt, wird mehr in dein Leben kommen.

Erinnere dich: Du bist nicht Opfer deines Lebens, sondern Schöpfer. Es ist an der Zeit, aufzuhören, auf das zu schauen, was du nicht hast – und anzufangen, alles zu sehen, was bereits da ist und was du noch gestalten wirst.

**Dein Leben ist ein Kunstwerk
und du hast den Pinsel in der Hand.**

Kapitel 50

SOCIAL MEDIA & HANDYZEIT

DIE SCHEINWELT, DIE DICH BLIND MACHT

Stell dir vor, du scrollst durch dein Handy. Dein Bildschirm leuchtet, dein Finger wischt wie automatisch nach oben, immer weiter. Du tauchst ein in eine Welt voller Luxus, Erfolg, schneller Autos, dicker Uhren und atemberaubender Kulissen. Junge Menschen, oft kaum aus der Schule raus, posieren vor Privatjets, wedeln mit dicken Geldbündeln oder präsentieren ihr ach so erfolgreiches Leben. „Ich habe es mit 18 Jahren geschafft!“, verkünden sie stolz. Und du fragst dich: „Was genau hat er denn geschafft? Windelfrei zu sein?“

Ja, natürlich kann man auch mit 18 Jahren erfolgreich sein, das möchte ich gar nicht abstreiten. Aber hier kommt der entscheidende Punkt: Glaube diesen inszenierten Märchen nicht. Sie sind nicht mehr als eine mit Filtern verzierte Illusion.

DIE FALLE DER DIGITALEN BLENDER

Das Problem ist nicht, dass Erfolg nicht möglich ist. Das Problem ist, dass dir eine Lüge verkauft wird: Die Idee, dass du mit ein paar billigen Tricks, einem Schnell-Reich-System oder einem vermeintlich einfachen Online-Business in wenigen Wochen Millionär wirst. Doch lass mich dir etwas verraten: Echtes Wachstum und wahrer Erfolg brauchen Zeit, Hingabe, Durchhaltevermögen und Erfahrung. Kein echtes Business entsteht über Nacht, kein nachhaltiger Reichtum kommt ohne harte Arbeit.

Social Media ist eine Welt der Hochglanzfassaden, in der niemand die Rückschläge zeigt. Du siehst nicht die durchwachten Nächte, die Fehlentscheidungen, die Pleiten, die Momente der Verzweiflung. Was du siehst, ist ein perfekt inszeniertes Bild, das dich glauben lassen soll: „Wenn du es nicht schaffst, bist du nicht gut genug.“ Doch das ist eine perfide Lüge, die Druck und Unsicherheit erzeugt.

GOLDENE REGELN FÜR DEINEN ERFOLG – OHNE BULLSHIT!

Lass mich dir drei essenzielle Regeln mit auf den Weg geben, damit du nicht in diese Blenderfalle tappst:

1. **Kaufe nichts auf Pump!** – Lass dich nicht von Hochglanz-Versprechungen in eine Schuldenfalle locken. Wenn du etwas nicht sofort bezahlen kannst, dann kannst du es dir nicht leisten. Punkt.

2. **Investiere nur in Dinge, die du wirklich verstehst!** – Egal ob es um Aktien, Krypto, Immobilien oder Geschäftsmodelle geht: Wenn du nicht genau weißt, wie es funktioniert, dann halte dich raus. Sonst wirst du ausgenommen wie eine Weihnachtsgans.

3. **Vertraue niemandem, der nicht selbst den Weg gegangen ist!** – Die größten Sprüchemacher sind oft diejenigen, die nie wirklich etwas erreicht haben. Sie leben davon, anderen zu verkaufen, wie man „erfolgreich" wird, während ihr eigener Erfolg nur eine Fassade ist.

Nimm dein Leben selbst in die Hand!

INFORMATIONSDIÄT – KLARHEIT STATT REIZÜBERFLUTUNG

Ich achte nicht nur auf eine gesunde Ernährung mit wertvollen und natürlichen Lebensmitteln, sondern ebenso auf eine bewusste Auswahl der Informationen, die ich täglich konsumiere. So wie minderwertige Nahrung den Körper belastet, kann eine unkontrollierte Reizüberflutung unseren Geist vergiften.

Deshalb meide ich Fernsehen und reduziere meine Zeit in den sozialen Medien auf ein Minimum. Nicht, weil ich die Welt ausblenden will, sondern weil ich gelernt habe, dass vieles, was uns dort präsentiert wird, verzerrt, manipuliert oder unvollständig ist. Die unaufhörliche Flut an Nachrichten, Meinungen und dramatischen Schlagzeilen überfordert uns oft mehr, als sie uns nützt. Wir können gar nicht alles bewusst wahrnehmen, geschweige denn verarbeiten.

Doch das Wesentliche ist: Ich kann das, was im Außen geschieht, nicht ändern. Ich kann weder die Schlagzeilen beeinflussen noch das, was andere denken oder verbreiten. Was ich jedoch kontrollieren kann, ist meine innere Welt – meine Gedanken, meine Emotionen und meine Reaktion auf das, was um mich herum passiert.

Deshalb entscheide ich mich für mentale Klarheit statt Chaos. Ich entscheide mich für Fokus statt Ablenkung. Und ich entscheide mich dafür, meine Energie in das zu investieren, was mich weiterbringt – statt mich von Dingen runterziehen zu lassen, die ich ohnehin nicht ändern kann.

Hör auf, dein Leben mit den gestellten Bildern und Märchen von Social Media zu vergleichen. Richte deinen Fokus auf deine eigenen Ziele, arbeite mit echtem Einsatz daran und lass dich nicht von Glitzerfassaden blenden.

Das wahre Leben spielt sich nicht auf Instagram ab, sondern dort, wo du jeden Tag die richtigen Entscheidungen triffst, Rückschläge überwindest und dich nicht von Illusionen blenden lässt.

Erschaffe deinen eigenen Erfolg, basierend auf individuellen Werten, ehrlicher Arbeit und echten Erfahrungen. Dann wird dein Erfolg wahrhaftig sein – und nicht nur eine Story mit Filtern.

Kapitel 51

SO WIRST DU ZUM EXPERTEN UND IM AUSSEN WAHR-GENOMMEN

DIE KUNST DER SELBSTINSZENIERUNG

Es reicht nicht, Experte in einem Fachgebiet zu sein – du musst auch als solcher wahrgenommen werden. Es gibt unzählige talentierte Menschen, die hervorragende Arbeit leisten, aber kaum jemand kennt sie. Warum? Weil sie sich nicht sichtbar machen. Doch wie kannst du dich so positionieren, dass du nicht nur als Fachkraft, sondern als Autorität in deinem Bereich giltst? Die Antwort liegt in deiner Außendarstellung. Dein Auftritt – online wie offline – entscheidet darüber, ob du als Profi wahrgenommen wirst oder nicht.

DEINE AUSSTELLUNG ALS ERLEBNIS

Stell dir vor, du betrittst eine Ausstellung, die sich jedes Mal verändert. Du wirst immer wieder überrascht, inspiriert und neugierig gemacht. Genau so muss deine Außendarstellung sein – dynamisch, einzigartig und auf den ersten Blick beeindruckend.

Denk an ein Möbelhaus: Wäre es nicht langweilig, wenn die Ausstellung seit Jahren gleich aussehen würde? Kunden brauchen immer wieder neue Impulse. Warum also nicht mal eine komplette Umgestaltung wagen? Statt klassischer Anordnung von Produkten könnten interaktive Bereiche entstehen. Digitale Elemente wie VR-Erlebnisse oder interaktive Touchscreens lassen Kunden tiefer in die Welt deiner Marke eintauchen. Sogar Düfte oder besondere Lichtkonzepte können die Wahrnehmung beeinflussen und Emotionen hervorrufen.

Ein innovatives Beispiel
Ein Fliesenleger könnte seine Ausstellung mit Lichtszenarien ausstatten, die verschiedene Tageszeiten simulieren. So sieht der Kunde, wie die Fliesen morgens im Sonnenlicht wirken oder abends bei indirekter Beleuchtung.

DEINE MARKE IN DER AUSSENWELT: VON DER HOMEPAGE BIS ZUR KLEIDUNG

Homepage: Dein digitales Aushängeschild

Deine Website ist oft der erste Berührungspunkt mit potenziellen Kunden. Sie muss professionell, klar strukturiert und emotional ansprechend sein. Ein veraltetes Design oder unübersichtliche Inhalte wirken abschreckend. Videos mit echten Kundenstimmen, Blogartikel zu Fachthemen und eine durchdachte Farbwelt hinterlassen einen bleibenden Eindruck.
Beispiel: Stell dir vor, ein Malerbetrieb nutzt seine Homepage nicht nur zur Vorstellung von Dienstleistungen, sondern bietet auch einen virtuellen Farbberater, mit dem Kunden sehen können, wie ihr Raum in

verschiedenen Farbtönen wirkt. Das schafft Vertrauen und bindet den Kunden emotional.

Werbung, die begeistert

Vergiss Standardwerbung, die jeder schon gesehen hat. Sei kreativ! Menschen erinnern sich an originelle Kampagnen. Ein Elektriker könnte eine Serie von Kurzvideos produzieren, in denen er auf humorvolle Weise typische Probleme im Haushalt erklärt – mit einem professionellen Twist am Ende.

Beispiel: Eine Bäckerei, die jede Woche eine „Brotstory" postet – ein humorvolles Video über die Geschichte hinter einem neuen Rezept. Kunden lieben Geschichten und Storytelling verkauft besser als jede klassische Anzeige.

Wie wäre es mit einem Firmenfahrzeug als fahrende Visitenkarte?

Autos sind rollende Werbeflächen. Doch anstatt nur das Firmenlogo draufzukleben, warum nicht eine mutige Aussage oder einen auffälligen Slogan? Stell dir vor, ein Dachdecker hätte auf seinem Transporter groß die Worte „Wir nageln alles – außer Ausreden!" stehen. Das zieht Blicke auf sich und bleibt im Kopf.

ARBEITSKLEIDUNG MIT WIEDERERKENNUNGSWERT

Deine Mitarbeiter sind deine Markenbotschafter. Einheitliche, stilvolle und durchdachte Arbeitskleidung vermittelt Professionalität und Vertrauen. Eine kleine, aber feine Idee: Der Name des Mitarbeiters auf der Brust plus ein inspirierender Slogan auf dem Rücken. Das sorgt für Identifikation und macht deine Marke greifbarer.

Ein Beispiel: Ein Sanitärbetrieb könnte Shirts mit dem Aufdruck „Wasser ist unser Element – Ihr Bad unsere Leidenschaft" tragen. So bleibt die Botschaft im Gedächtnis.

DER ENTSCHEIDENDE FAKTOR: DEINE PERSÖNLICHKEIT

Das Beste Branding bringt nichts, wenn du nicht mit echter Begeisterung und Leidenschaft dahinterstehst. Menschen kaufen keine Produkte oder Dienstleistungen – sie kaufen Vertrauen, Nutzen, Kompetenz und Sympathie. Sei sichtbar, sei präsent und vor allem: Sei du selbst!

Egal, ob in Social Media, auf deiner Website oder in der realen Welt – deine Authentizität macht den Unterschied. Wer seine Marke mit Persönlichkeit auflädt, bleibt im Gedächtnis. So wirst du nicht nur Experte – du wirst auch als solcher wahrgenommen!

Kapitel 52

UNBEDEUTENDE HATER

HATER SIND WIE SCHEISSHAUSFLIEGEN!

Du kennst das. Du sitzt entspannt, genießt dein Leben, baust dir was Großes auf – und dann kommt sie. Diese eine verdammte Fliege. Direkt vom letzten 💩-Haufen, mit einer Arroganz, als wäre sie CEO der Lüfte.

Sie summt dir ins Ohr, setzt sich auf dein Essen, auf deine Hand, auf dein Gesicht – einfach überall, wo du sie nicht haben willst. Und warum? Weil sie nichts Besseres zu tun hat! Sie ist etwas Belangloses, Unnützes!

Und genau das sind Hater.

- Sie hängen den ganzen Tag auf Social Media herum wie eine Fliege auf einem stinkenden 💩-Haufen.
- Sie kommentieren, als hätten sie den Master in Erfolglosigkeit.
- Sie reden über dich, als wärst du ihr Hauptjob – dabei haben sie selbst nichts auf die Reihe bekommen!

Und das Beste? Wenn du nichts machst, hassen sie dich. Wenn du etwas machst, hassen sie dich noch mehr. Und wenn du Erfolg hast? **BOOM! Dann platzen sie!**

Aber weißt du was? **Fliegen haben keine Bedeutung für besondere Menschen wie dich.**

Hast du jemals einen besonderen Menschen gesehen, der sich mit einer Fliege beschäftigt? **NEIN!** Weil der besondere Mensch sein erfolgreiches Leben auskostet, während die Fliege unten im Dreck kreist und sich für wichtig hält.

Und genauso solltest du es machen: **Lebe-liebe-lache und winke! Lass dich nicht von deinem Weg abbringen, denn du bist etwas sehr Besonderes. Freu dich auf dein erfolgreiches Leben.**

Während die Hater noch auf ihrem Misthaufen herumstochern und vor sich her stinken, bist du längst auf dem Weg nach oben!

Kapitel 53

TRINKGELD – EINE HERZLICHE UMARMUNG OHNE ANFASSEN

KLEINE GESTE, GROSSE WIRKUNG

Manche Menschen sehen Trinkgeld als eine Pflicht oder als bloße Höflichkeit. Für mich ist es weit mehr. Es ist eine Geste der Wertschätzung, ein Zeichen von Respekt und Anerkennung – eine herzliche Umarmung, nur ohne direkten Kontakt. Trinkgeld öffnet Türen, schafft Verbindungen und bringt Gutes zurück. Darum frage ich mich oft: Warum gibt es so viele Menschen, die nichts geben?

Denk daran: Wenn du nichts gibst, wirst du auch nichts bekommen.

Wann immer ich unterwegs bin, und in einem Hotel übernachte, lege ich am ersten Abend ein Trinkgeld auf das Kopfkissen. Dazu male ich einen Smiley und schreibe ein einfaches „Danke". Am nächsten Morgen merke ich sofort die Veränderung: Das Zimmer ist mit besonderer Sorgfalt gereinigt, vielleicht liegt ein gefaltetes Handtuch in Herzform auf dem Bett, und das Personal begegnet mir mit einem herzlichen Lächeln. Diese kleine Geste zeigt: Ich sehe dich. Ich schätze deine Arbeit. Und ich bekomme diese Wertschätzung auf eine wunderschöne Art zurück.

Ein weiteres Beispiel: Beim Besuch einer Massagepraxis gebe ich das Trinkgeld nicht erst nach der Behandlung, sondern davor. Ich lege 10 Euro hin und sage: „Das ist für Sie." Die Reaktion ist fast immer gleich – zuerst Überraschung, dann Freude. Die Masseurin bzw. der Masseur wird sich besonders um mich kümmern, sich noch mehr Zeit nehmen und das Beste geben. Warum? Weil ich ihre und seine Arbeit bereits im Voraus gewürdigt habe.

WERTSCHÄTZUNG ALS TÜRÖFFNER

Auch in Restaurants ist es erstaunlich, was passiert, wenn man vor der Bestellung ein kleines Trinkgeld gibt. Stell dir vor: Du setzt dich, der Kellner kommt und bevor du überhaupt ein Getränk bestellst, sagst du: „Das ist für Sie." Vielleicht sind es 10 Euro, vielleicht mehr – es geht nicht um die Summe, sondern um das Signal. Plötzlich hast du nicht nur einen Kellner, sondern einen Gastgeber, der alles dafür tun wird, dass du einen unvergesslichen Abend hast. Dein Tisch wird nie unbeachtet bleiben, dein Glas wird nie leer sein, und wenn du das nächste Mal reservierst, wirst du sicher einen der besten Plätze bekommen.

Die unsichtbare Umarmung, die dein Leben verändert.

Das Prinzip funktioniert überall. In der Arztpraxis, in der du den Empfang freundlich begrüßt und eine Kleinigkeit dalässt – plötzlich gibt es keine langen Wartezeiten mehr. In der Autowerkstatt, in der du vorab ein Trinkgeld gibst, wird dein Auto mit besonderer Sorgfalt behandelt, gereinigt und du bekommst schneller einen Termin.

Diese kleine Geste, dieses Zeichen der Wertschätzung, schafft eine Atmosphäre der Freundlichkeit und Dankbarkeit. Und das Schöne daran: Es kehrt immer zu dir zurück. Nicht nur in Form eines besseren Services, sondern als Gefühl, dass du anderen eine Freude gemacht hast.

Geben bedeutet nicht nur, anderen etwas Gutes zu tun – es macht auch dein eigenes Leben reicher.

Kapitel 54

„COMMITMENT“ STEHT AM ANFANG VON ERFOLG

Es gibt Momente im Leben, die einen für immer prägen. Einer dieser Momente war das entscheidende Aufstiegsspiel meiner damaligen Fußballmannschaft, die ich trainieren durfte. Die Geschichte davor kennt ihr bereits, aber dieses eine Spiel war anders. Es war das Spiel, das uns zum dritten Mal in Folge den Aufstieg bringen sollte. Doch die Voraussetzungen waren alles andere als ideal: Wir waren als Mannschaft stark dezimiert, Verletzungen hatten unser Team schwer getroffen, und viele meiner Spieler waren am absoluten Limit. Sie standen auf dem Zahnfleisch.

Mir war klar: Wenn wir dieses Spiel gewinnen wollten, brauchten wir mehr als nur eine gute Taktik oder eine motivierende Ansprache – wir brauchten ein unerschütterliches Commitment. Jeder Einzelne musste bereit sein, alles zu geben, unabhängig vom eigenen Zustand, von Schmerz oder Erschöpfung.

In der finalen Teambesprechung setzte ich daher ein starkes Zeichen. Natürlich begann ich mit motivierenden Worten, aber das Entscheidende kam danach. Ich nahm ein großes Blatt Papier im Format DIN A2 und hielt es hoch. Darauf hatte ich bereits eine Überschrift geschrieben:

„Ich gebe alles zu 100 % – Gewinner!"

Dann unterschrieb ich als Erster und legte den Stift auf den Tisch. Ich schaute meine Spieler an und sagte: „Wir brauchen heute jeden Einzelnen – egal ob gesund oder verletzt. Aber nur, wenn ihr bereit seid, euch zu 100 % diesem Ziel zu verschreiben, werden wir gewinnen. Wer dabei ist, unterschreibt!"

Ein Moment der Stille folgte. Doch dann nahm der erste Spieler den Stift und unterschrieb. Einer nach dem anderen folgte – manche mit entschlossenem Blick, andere mit zittrigen Händen. Aber alle setzten ihr Zeichen. In diesem Moment wurde aus einer angeschlagenen Mannschaft eine Einheit aus Kämpfern.

Und dann kam das Spiel. Es war hart, es war intensiv, aber wir haben gekämpft – jeder Einzelne. Wir haben zusammengehalten, einander unterstützt und niemals aufgegeben. Und am Ende? Wir haben gewonnen! Zum dritten Mal in Folge sind wir aufgestiegen. Ein Wahnsinnsgefühl!

Noch heute, nach all den Jahren, bin ich für diese Erfahrung unglaublich dankbar. Dankbar für meine Mannschaft, für diesen unvergesslichen Moment und für all die Menschen, die diesen Weg mit uns gegangen sind. Ein besonderer Dank gilt dem SC Schleching, meinem ehemaligen Co-Trainer und besonderen Freund Markus Aigner, unserem ehemaligen Vorstand Manfred Mix und dem Hüttenwirt Huber Ludwig mit seiner Frau Resi. Sie alle stehen für Werte wie Dankbarkeit, Miteinander und echte Wertschätzung.

Diese Geschichte ist für mich der beste Beweis: Wenn Menschen ein gemeinsames Commitment eingehen, wenn sie bereit sind, alles zu geben – dann sind unglaubliche Erfolge möglich!

DEIN VERSPRECHEN AN DICH SELBST

Egal, was du in deinem Leben erreichen möchtest – es beginnt mit einem einzigen, kraftvollen Schritt: Mit einem Commitment an dich selbst!

Schreibe deine Idee, dein Ziel, deine Vision auf. Halte fest, was du tun wirst – nicht irgendwann, sondern jetzt. Und dann schreibe dazu:

**Ich gebe 100 %, bis ich es erreicht habe.
Kein Zurück. Kein Aufgeben. Kein Zweifeln.**

Unterschreibe dieses Versprechen. Mach es offiziell. Dann hänge es an einen Ort, wo du es jeden Tag siehst. Dein Commitment wird zu einem Bild in deinem Kopf, zu einem Gedanken, der immer stärker wird – bis er in dein Unterbewusstsein eindringt.

**Und dann passiert etwas Magisches:
Du wirst alles in Bewegung setzen, um dein eigenes Wort zu halten. Du wirst handeln, wachsen, kämpfen – bis dein Ziel Realität wird.**

Es ist dein Leben. Dein Versprechen. Deine Entscheidung. Jetzt!
Unterschreibe dieses Commitment und beginne ab heute, dein neues Leben, das du dir so sehr wünscht.

Auf der nächsten Seite findest du eine Vorlage für dein persönliches Commitment. Du kannst sie rausschneiden aus diesem Buch oder kopieren, ausfüllen und aufhängen an einem Ort, wo du es immer sehen kannst.

COMMITMENT

Verpflichte Dich konsequent über dein Leben zu bestimmen

Ich, ...,
verpflichte mich konsequent
mein Leben ab heute selbst in die
Hand zu nehmen.

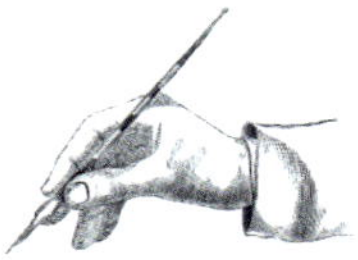

......................, den ....
Ort Datum

SCHLUSSWORT & DANKSAGUNG

DEIN LEBEN, DEINE GESCHICHTE

Du bist stärker, als du denkst. Alles, was du brauchst, steckt bereits in dir. Deine Vergangenheit, deine Erfahrungen, deine Herausforderungen – all das hat dich geformt, hat dich wachsen lassen, hat dich zu genau dem Menschen gemacht, der du heute bist. Aber dein wahres Potenzial? Das wartet noch darauf, entfesselt zu werden! Dein Leben ist ein unbeschriebenes Blatt – und DU hältst den Stift in der Hand.

Heute beginnt dein neues Kapitel. Kein Zögern mehr, keine Angst, keine Ausreden. Jetzt ist der Moment, an dich zu glauben, aufzustehen und loszugehen. Setze um, was du dir vorgenommen hast. Spüre die Kraft in dir, die dich antreibt.

Spüre das Feuer, das in deinem Herzen brennt. Dein Weg mag steinig sein, doch genau in diesen Herausforderungen liegt deine wahre Stärke. Jeder Rückschlag ist eine Lektion, jede Hürde eine Chance. Und das Beste daran? DU entscheidest, wohin die Reise geht!

Lass dir von niemandem erzählen, dass du nicht gut genug bist. Du bist einzigartig. Du bist wertvoll. Du bist bereit. Das Leben wartet auf dich, und du hast nur eine Wahl:

LEBE ES VOLL UND GANZ!

Gehe mit offenem Herzen, mit unerschütterlichem Vertrauen in dich selbst und mit der Klarheit, dass du alles erreichen kannst. ALLES. Es gibt keine Grenzen – außer denen, die du dir selbst setzt.

Menschlichkeit ist der wahre Schlüssel. Wenn du lernst, dich mit dir selbst und anderen auf einer tiefen Ebene zu verbinden, wirst du Wunder erleben. Nutze deine Geschichte, deine Erlebnisse, deine Erfahrungen, um andere zu inspirieren. Deine Reise ist nicht nur für dich – sie ist ein Licht für alle, die nach Orientierung suchen. Dein Leben ist ein Geschenk an diese Welt. Also geh raus und leuchte!

Sei dankbar für alles, was war. Sei bereit für alles, was kommt. Dein Leben, deine Geschichte – sie sind einzigartig, sie sind bedeutungsvoll, sie sind ein Meisterwerk. Sei stolz darauf. Sei mutig. Sei unaufhaltsam. Und vor allem: WARTE NICHT! Dein Moment ist JETZT! Die Welt wartet auf dich. Es ist Zeit, loszugehen – voller Vertrauen, voller Freude, voller Energie.

Allein wenn du mir auf Social Media folgst, wird es dein Leben erleichtern. Aber wenn du eine echte Abkürzung willst, dann trag dich für ein kostenfreies Strategiegespräch ein und wir finden gemeinsam heraus, wie du dein Leben auf das nächste Level bringst.

Ich danke dir von ganzem Herzen, dass du mein Buch gelesen hast. Es bedeutet mir unendlich viel, dass du Teil dieser Reise bist. Wenn dich diese Zeilen berührt haben, wenn sie dir Mut gemacht oder neue Hoffnung geschenkt haben, dann lade ich dich von Herzen ein, dieses Buch weiterzugeben. Vielleicht gibt es jemanden in deinem Leben, der gerade genau diese Worte braucht – ein Funken Hoffnung, ein Moment des Verstehens, eine neue Perspektive.

Mit tiefster Dankbarkeit und Freude,

Dein Christian Plank

DANKSAGUNG

Danke, dass du diesem Buch Raum gibst – und vielleicht auch deinem eigenen Leben.

Dass du innehältst. Nachspürst. Und dich auf den Weg machst – zu dir. Dieses Buch ist für alle, die tief in sich spüren: Da wartet noch mehr auf mich.

Mehr Kraft. Mehr Wahrheit. Mehr Sinn. Mehr Leben.

Für die, die schon gefallen sind – und trotzdem weitergegangen sind.

Für die, die sich Ziele setzen, Verantwortung übernehmen, hinterfragen, fühlen – und den Mut haben, wirklich hinzusehen.

Auch dann, wenn's weh tut. Auch dann, wenn keiner klatscht.

Für die Stillen, die Tiefen, die Klaren.

Für die Lauten, die Wilden, die Suchenden.

Für alle, die nicht länger nur funktionieren wollen – sondern frei sein.

Echt. Selbstbestimmt. Mit offenem Herzen.

Ich widme dieses Buch auch dem kleinen Jungen in mir,
der lernen musste, dass nicht jeder Schlag von außen ein Ende bedeutet – sondern manchmal der Anfang von etwas Großem ist.

Er ist gefallen, aufgestanden – und heute geht er seinen Weg.
Stolz. Wach. Und dankbar.

Ich bin dankbar für all die Begegnungen auf meinem Weg – für die liebevollen, die lehrreichen, die inspirierenden. Aber auch für die, die mich verletzt, enttäuscht oder geprüft haben.

Denn sie alle haben mir gezeigt, wer ich wirklich bin.
Wer ich nicht mehr sein will. Und wer ich heute bin.

Danke, dass du da bist.

Danke, dass es dich gibt.

DIESE ZEILEN TRAGEN MEHR, ALS DU DENKST

Dieses Buch ist mehr als eine Sammlung von Worten.
Es ist ein Wegweiser. Ein Mutmacher. Ein Gefährte für dein Herz.
Aber es soll nicht nur dir helfen.

Denn mit jedem verkauften Exemplar geschieht noch etwas Wunderschönes im Verborgenen:
Ein Teil der Einnahmen fließt in Projekte, die Menschen unterstützen, die gerade durch schwere Zeiten gehen.
Menschen, die das Leben hart geprüft hat.
Menschen, für die Hoffnung oft nur ein leiser Gedanke ist.

Vielleicht erzählen sie nie davon.
Vielleicht sehen wir es ihnen nicht an.
Aber genau diesen Menschen möchten wir – du und ich – ein Stück Licht, ein Stück Würde, ein kleines bisschen Glück zurückgeben.

Du fragst dich jetzt vielleicht, warum hier niemand beim Namen genannt wird.
Die Antwort ist ganz einfach: Ich möchte mich nicht festlegen.
Ich möchte offen bleiben – und aus meinem Herzen heraus entscheiden, wer gerade eine finanzielle und gedankliche Umarmung braucht.
Denn echte Hilfe braucht keine großen Namen – nur ein ehrliches Gefühl und den Mut, hinzusehen.

Du hältst also nicht nur ein Buch in den Händen. Du hältst auch einen stillen Funken Menschlichkeit, einen Beitrag zu etwas Größerem.
Etwas, das man nicht immer sieht – aber fühlt.

Danke, dass du liest.
Danke, dass du fühlst.
Danke, dass du gibst – ohne es laut sagen zu müssen.

Und dafür stehe ich – solange mein Herz unermüdlich schlägt.
In Liebe, Christian.

Ich spende für den guten Zweck

ÜBER DEN AUTOR

Christian Plank ist kein Theoretiker. Er ist ein Mann, der weiß, wie es ist, ganz unten zu sein – und wie man sich mit Herz, Willenskraft und Struktur Stück für Stück wieder aufrichtet.

Mit 54 Jahren blickt er auf ein intensives Leben zurück: voller Arbeit, voller Lernen, voller echter Erfahrungen. Er hat sein erstes Unternehmen aus der Garage heraus aufgebaut – mit nichts außer einer Idee, Mut und zwei Händen. Aus dieser Idee wurde ein erfolgreicher Handwerksbetrieb. Doch der Weg dorthin war alles andere als gerade. Es gab Rückschläge, Fehlentscheidungen, tiefe Zweifel. Aber auch unendlich viele Momente der Klarheit, der Stärke, der Menschlichkeit.

Und genau das gibt Christian heute weiter.

Als Speaker, Coach und Mentor begleitet er Menschen, die oft selbst nicht mehr an sich glauben. Unternehmer, die nicht mehr weiterwissen. Menschen, die von innen leer sind – obwohl sie nach außen alles im Griff haben. Christian sieht sie. Wirklich. Und er hört hin. Nicht, um zu antworten. Sondern um zu verstehen.

Er verbindet fundierte Strategien mit echter Menschlichkeit. NLP, Hypnose, Verkauf und klare Strukturen bringt er nicht als trockene Tools – sondern als lebendige Werkzeuge, die wirken. Weil er sie selbst erlebt und durchlebt hat.

Christian hat über 200 Unternehmern geholfen, aus der Angst wieder ins Handeln zu kommen. Hunderte Menschen konnten mit ihm ihre Ängste, Blockaden und limitierenden Überzeugungen loslassen – weil er mit ihnen nicht nur an der Oberfläche arbeitet, sondern mit Herz, Tiefe und Wertschätzung.

Er spricht nicht über Veränderung.
Er lebt sie.
Und er bringt andere dazu, ihren ganz eigenen Weg zu finden – mutig, ehrlich und nachhaltig.

Privat ist Christian Ehemann, Vater von zwei wundervollen Töchtern, und lebt mit seiner zweiten Frau in Kitzingen. Beruflich ist er Coach ,Mentor, Wegweiser und Möglichmacher.

Sein Motto:
„Ohne Aktion bleibt deine Vision für immer Illusion."

Und am Ende, wenn er Menschen sieht, die über sich hinauswachsen, ihre Ängste überwinden und endlich ihren Weg gehen – dann weiß er, warum er tut, was er tut:

Er liebt es, Menschen wachsen zu sehen.

www.plank-coaching.de

Mit tiefem Herzen danke ich dir, liebe Isabella Kortz.

Du warst meine einfühlsame, kluge und unglaublich herzliche Begleitung auf dem Weg zu meinem Herzensbuch.

Dein Gespür, deine Worte, deine Geduld – sie haben diesem Projekt nicht nur Struktur, sondern auch Seele gegeben.

Unsere Zusammenarbeit war geprägt von echtem Miteinander, von Wertschätzung auf Augenhöhe, von Emotionen, Feingefühl und echter Professionalität.

Wer für sein Buch eine Begleitung sucht, die mit dem Herzen hört, mit Erfahrung lenkt und mit Wärme inspiriert – dem kann ich deine Firma, Pageturner Production, von ganzem Herzen empfehlen.

Danke, dass du diesen Weg mit mir gegangen bist.
Danke für dein Vertrauen.
Danke für dein Sein.

Christian

Christian Plank

Mein Podcast

Spotify
Amazon / Audible
Apple Podcasts
YouTube

In den Sozialen Medien

Instagram
Facebook
TikTok
YouTube
LinkedIn

Rezensionen

ProvenExpert
Google

ConneKT 16, 97318 Kitzingen

+49 9321 931 9400

plank-coaching.de